U0934345

厦门大学百年校庆系列出版物 · 编委会

厦门大学百年校庆系列出版物

百年学术论著选刊

教育学原理

孙贵定 编

厦门大学出版社
XIAMEN UNIVERSITY PRESS
国家一级出版社
全国百佳图书出版单位

图书在版编目(CIP)数据

教育学原理/孙贵定编.—厦门:厦门大学出版社,2021.3
(百年学术论著选刊)
ISBN 978-7-5615-8134-6

Ⅰ.①教… Ⅱ.①孙… Ⅲ.①教育理论 Ⅳ.①G40

中国版本图书馆 CIP 数据核字(2021)第 045368 号

出版人 郑文礼
责任编辑 薛鹏志 林 灿
美术编辑 蒋卓群
技术编辑 朱 楷

出版发行 厦门大学出版社
社 址 厦门市软件园二期望海路 39 号
邮政编码 361008
总 机 0592-2181111 0592-2181406(传真)
营销中心 0592-2184458 0592-2181365
网 址 http://www.xmupress.com
邮 箱 xmup@xmupress.com
印 刷 厦门兴立通印刷设计有限公司

开本 720 mm×1 000 mm 1/16
印张 10
插页 3
版次 2021 年 3 月第 1 版
印次 2021 年 3 月第 1 次印刷
定价 41.00 元

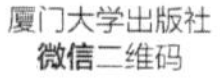
厦门大学出版社
微信二维码

厦门大学出版社
微博二维码

总序

厦门大学
党委书记 张彦
校长 张荣

二〇二一年四月六日，厦门大学百年华诞。百载风雨，十秩辉煌，这是厦门大学发展的里程碑，继往开来的新起点。全校师生员工和海内外校友满怀深情地期盼这一荣耀时刻的到来。

为迎接百年校庆，学校在三年前就启动了『百年校庆系列出版工程』的筹备工作，专门成立『厦门大学百年校庆系列出版物编委会』，加强领导，统一部署。各院系、部门通力合作，众多专家学者和相关单位的工作人员全身心地参与到这项工作之中。同志们满怀高度的责任感和紧迫感，以『提升质量，确保进度，打造精品』为目标，争分夺秒，全力以赴，使这项出版工程得以快速顺利地进行。在这个重要的历史时刻，总结厦大百年奋斗历史，阐扬百年厦大『四种精神』，抒写厦大为伟大祖国所做出的突出贡献，激发厦大人的自豪感和使命感，无疑是献给百岁厦大最好的生日礼物。

『百年校庆系列出版工程』包括组织编撰百年校史、百年组织机构史、百年院系史、百年精神文化、百年学术论著选刊、校史资料与学生名录……有多个系列近一百五十种图书将与广大读者见面。从图书规模、涉及领域、参编人员等角度看，此项出版工程极为浩大。这些出版物的问世，将为学校留下大量珍贵的历史资料，为学校深入开展校史教育提供丰富生动的素材，也将为弘扬厦门大学『自强不息，止于至善』校训精神注入时代的新鲜血液，帮助人们透过『中国最美大学校园』的山海空间和历史回响，更加清晰地理解厦门大学在中国发展进程中发挥的独特作用、扮演的重要角色，领略『南方之强』的文化与精神魅力。

百年校庆系列出版物将多方呈现百年厦大的精彩历史画卷。这些凝聚全校师生员工心血的出版物，让我们感受到厦大人弦歌不辍的精神风貌。图文并茂的《厦门大学百年校史》，穿越历史长廊，带领我们聆听厦大不平凡百年岁月的历史足音。《为吾国放一异彩——厦门大学与伟大祖国》浓墨重彩地记述厦门大学与全国三十四个省级行政区以及福建省九市一区一县血浓于水的校地情缘，从中可以读出厦门大学在中华民族伟大复兴征程中留下的深深烙印。参与面最广的『厦门大学百年院系史系列』、《厦门大学百年组织机构史》，共有三十多个学院和直属单位参与编写，通过对厦门大学各学院和组织机构发展脉络、演变轨迹的细致梳理，深入介绍厦门大学的党建工作、学科建设、人才培养、组织管理、社会服务等方面的发展历程，展示办学成就，彰显办学特色。《厦门大学校史资料选编（一九九二—二〇一七）》和《南强之星——厦门大学学生名录（二〇一〇—二〇一九）》，连同已经出版的同类史料，将较完整、翔实地展现学校发展轨迹，记录下每位厦大学子的荣耀。『厦门大学百年精神文化系列』涵盖人物传记和校园风采两大主题，其中《陈嘉庚传》在搜集大量史料的基础上，以时代精神和崭新视角，生动展现了校主陈嘉庚先生的丰功伟绩。此次推出《林文庆传》《萨本栋传》《汪德耀传》《王亚南传》四部厦门大学老校长传记，是对他们为厦大发展所做出了突出贡献的深切缅怀。厦大校友、红军会计制度创始人、中国共产党金融事业奠基人之一高捷成的传记《我的祖父高捷成》，则是首次全面地介绍这位为中国人民解放事业做出杰出贡献的烈士的事迹。新版《陈景润传》，把这位『最美奋斗者』、『感动中国人物』、令厦大人骄傲的杰出校友、世界著名数学家不平凡的人生再次展现在我们眼前。抒写校园风采的《厦门大学百年建筑》、《厦门大学餐饮百年》、《建南大舞台》、《芙蓉园里尽芳菲》、《我的厦大老师》（百年华诞纪念专辑）、《创新创业厦大人二》、《志愿之光》、《让建南钟声传响大山深处》、《我的厦大范儿》以及潘维廉的《我在厦大三十年》等，都从不同的角度，引领我们去品读厦门大学的真正内涵，感受厦门大学浓郁的人文精神和科学精神。

此次出版的『厦门大学百年学术论著选刊』，由专家学者精选，重刊一批厦大已故著名学者在校工作期间完成的、具有重要价值的学术论著（包括讲义、未刊印的论著稿本等），目的在于反映和宣传厦门大学百年来的学术成就和贡献，挖掘百年来厦门大学丰厚的历史积淀和传统资源，展示厦门大学的学术底蕴，重建『厦大学派』，为学校『双一流』建设提供学术传统的支撑。学校将把这项工作列入长期规划，在百年校庆时出版第一辑共四十种，今后还将陆续出版。

『自强！自强！学海何洋洋！』一百年前，陈嘉庚先生于民族危难之际，抱着『教育为立国之本，兴学乃国民天职』的信念，创办了厦门大学这所中国历史上第一所由华侨独资建设的大学。一百年来，厦大人秉承『研究高深学术，养成专门人才，阐扬世界文化』的办学宗旨，在实现中华民族伟大复兴的征程上书写自己的精彩篇章。我们相信，当百年校庆的欢庆浪潮归于平静时，这些出版物将会是一串串熠熠生辉的耀眼珍珠，成为记录厦门大学百年奋斗之旅的永恒坐标，成为流淌在人们心中的美好记忆，并将不断激励我们不忘初心继承传统，牢记使命乘风破浪，向着中国特色世界一流大学目标奋勇前行！

张彦　张荣

二〇二〇年十二月

『厦门大学百年学术论著选刊』编纂说明

为反映和宣传厦门大学百年来的学术成就和贡献，挖掘厦大学术丰厚的历史积淀和传统资源，为学校『双一流』建设提供学术传统的支撑，『厦门大学百年校庆系列出版物』丛书下设『百年学术论著选刊』系列，以精选、重刊一批我校学者在校期间撰著的、具有重要价值的学术论著。

为此，学校设立『百年学术论著选刊』编纂组，在以校党委书记张彦、校长张荣为主任的『厦门大学百年校庆系列出版物』编委会指导下具体负责这项工作。编纂组组长：洪峻峰；成员：朱水涌、钞晓鸿、高和荣、蒋东明、石慧霞。

鉴于学校将把收集、整理和重刊我校学术论著列入长期规划，今后分辑继续此项工作，『百年学术论著选刊』系列划定选稿范围，内容为百年来在我校工作过的已故学者在校期间撰写或出版的论著，时间以『文革』之前刊印或完成（稿本）为限；确定刊印形式，为原书、原稿影印出版。编纂组于二〇一九年三月向全校各学院、研究院征集选题，同时利用图书馆及图书数据库检索渠道搜索相关文献、查找合适选题。论著的遴选侧重名家名著，同时关注民国时期稀见版本和未刊稿本，包括未曾正式出版的油印本教材。

经学院推荐、文献检索和专家筛选，学校『百年校庆系列出版物』编委会确定了四十种入选论著。我们随即展开对论著影印底本的选择和寻访，工作得到了有关图书馆、藏书家的支持和帮助。同时，约请我校各学科相关专业的专家学者分别为各书撰写出版前言，介绍作者生平学术和论著内容价值，揭示其学术史意义及在我校的学术传承。各书前言还将汇编成集，同时出版。

论著选刊工作得到了原著作者的亲属、弟子多方面的支持。部分作品的著作权尚在保护期内，我们也征得其继承人的支持并签约；个别作品无法联系到著作权继承人，我们将公布联系方式，敬请他们与出版社联系。

本系列丛书从启动到编成历时两年整。在编纂过程中，学校图书馆、社科处和出版社作为这项工作的协作单位，分别承担了大量的繁杂事务；编纂组秘书黄援生、林灿，以及朱圣明、刘心舜和校图书馆古籍特藏与修复部有关人员，做了许多具体工作。

『厦门大学百年学术论著选刊』的编纂，是对我校百年来学术文献资源的一次大规模的搜集、梳理和开发。厦大的学术底蕴和文献资源极为丰厚，第一次选刊难免挂一漏万。经过这次编纂工作的探索，学校今后的分辑整理出版规划将会更加完善。

厦门大学百年学术论著选刊　编纂组

二〇二〇年十二月

厦门大学百年学术论著选刊（四十种）

《中国文学变迁史略》 刘贞晦 著
《教育学原理》 孙贵定 编
《中国古代法理学》 王振先 著
《石遗室诗话》 陈衍 著
《历史哲学》 朱谦之 著
The Development, Significance and Some Limitations of Hegel's Ethical Teaching（《黑格尔的伦理学说》） 张颐 著
《汉文学史纲要》 鲁迅 著
《马哥孛罗游记》 张星烺 译
《闽南游记》 陈万里 著
《厦门音系》 罗常培 著
《教育概论》 庄泽宣 著
《艺术家的难关》 邓以蛰 著
The Li Sao: An Elegy on Encountering Sorrows（《离骚》） 林文庆 译
《老子古微》 缪篆 著
《教育与学校行政原理》 杜佐周 著
《教育社会学》 雷通群 著
《国际私法》 徐砥平 著
《地理学》 王成组 著
《货币银行原理》 陈振骅 著
《文化人类学》 林惠祥 著
《教育之科学研究法》 钟鲁斋 著

《厦门大学文学院文化陈列所所藏中国明器图谱》 郑德坤 编著

《因明学》 虞愚 著

《实用微积分》 萨本栋、郑曾同、杨龙生 编著

《大学普通化学讲义》 傅鹰 著

《中国文学史》 林庚 著

《史学方法实习题汇》 谷霁光 编

《语言学概要》 周辨明、黄典诚 译著

《英美法原理》 [美]阿瑟·古恩 著，陈朝壁 译述

《中国官僚政治研究》 王亚南 著

《西洋经济思想》 郭大力 著

《古音学说述略》 余謇 著

《明清农村社会经济》 傅衣凌 著

《隋唐五代史纲》 韩国磐 著

《会计基础知识》 葛家澍 主编

《文昌鱼》 金德祥 著

《泛函分析》 李文清 著

《胚胎学讲义》 叶毓芬及山东大学胚胎学教研组、汪德耀 编

《浮游生物学概论》 郑重 著

《海水分析化学》 陈国珍 主编

前言

刘振天

呈现在读者面前的，是已故著名学者、民国时期著名教育学家、厦门大学教育学院孙贵定教授编撰，商务印书馆一九二三年出版的《教育学原理》一书。

一

孙贵定（一八九三—一九四九），祖籍江苏无锡，是我国著名教育学家、翻译家、外国文学专家。一九一一年，孙贵定以优异的成绩考取民国第一批公费留英学生，一九一二—一九二三年在爱丁堡大学学习，先后获得教育学学士、英国文学硕士、哲学博士学位，一九二三年回国后任教于厦门大学，曾任教育心理学教授、教育学院院长、校长办公室秘书、代理校长等职，长达十四年之久。一九三七年七月从厦门到上海，任教于暨南大学等校。一九四六年起，任光华大学教授、教育系主任。

孙贵定任教时的厦门大学，恰逢创校初期。一九二一年，爱国华侨领袖陈嘉庚选址福建厦门开办了私立厦门大学，他抱定实业救国和教育兴国之志向，决心『为吾国放一异彩』。为高起点办好厦门大学，陈校主敦聘林文庆做校长，遍访各地名家、广纳俊杰贤才。一九二六年，鲁迅、林语堂、顾颉刚、沈兼士、孙伏园等二十余位知名学人先后聚萃厦大，很短时间内学术即兴盛繁荣起来，厦门大学国学院成为国内著名机构之一，厦门大学也因此被誉为『南方之强』。作为综合大学，厦门大学一开始即以师范教育起家，最早开办了教育学院，庄泽宣、孙贵定等著名教授先后在学校研究和教学。这些教授中，不少人在欧美接受过系统的师范教育培养训练，特别是在美国哥伦比亚大学师范学院深造，深受实用主义教育家杜威的教育思想影响。孙贵定教授与鲁迅、林语堂有过许多交往。据记载，孙贵定与鲁迅交往较多，双方印象很深，但关系并不和睦，对治校治学各持己见。近代著名教育家、书法家吴稚晖先生称赞孙贵定『高才博学，足以为人师』。文学评论家夏志清教授听过孙贵定的课后，说他从孙那里得到了精神上的支持。

二

孙贵定教授所撰《教育学原理》成书较早，系民国『现代师范教科书』之一，由商务印书馆于民国十二年即一九二三年出版，是这一时期论述『教育原理』的代表性论著，对中国现代教育学的学科建构和发展产生了积极影响和促进作用。此书在民国年间曾重印十余次，由此可见一斑。

如果从孔子、老子算起，中国的教育思想已有两千多年历史，可谓源远流长，《论语》《学记》《大学》《劝学》等都是光辉的教育名篇。然而，中国的教育学或者作为学科意义的教育学，其出现还是晚近之事，具体说是十九世纪末二十世纪初期才逐渐形成。一开始是翻译和介绍英国、德国、法国、美国、日本等国外教育学著作。比如，第一本教育学著作，就是王国维先生一九〇一年翻译的日本文学士立花铣三郎编写的《教育学》。此后，第斯多惠、裴斯泰洛齐、斯宾塞、赫尔巴特、杜威等人的教育著作被逐渐译介过来。一九〇一—一九一五年，共引进和翻译了二百四十五种教育学著作或教材，内容涵盖了当时教育学各分支和领域。随着译介工作的推进，国内学者已不再甘于简单的引进，意识到并努力尝试运用或借鉴西方教育学理论，结合自己的教育实际，建立中国本土的教育学，在中国教育学会支持和共同努力下，于一九一五—一九二七年形成一个学科建设高潮。

据统计，这一阶段教育学的引进数和编写数分别为四十部和一百零九部。自编数远远超过引进数，说明国人已开始特别重视教育学在中国本土之建设。一百零九部教育学著作或教材，涉及教育学、教学论、学校管理、课程论等近三十个具体教育学科，这其中又多集中在教育学和教学论两门学科建设上。在此阶段，出现了本土学者编写的影响较大、甚至第一本教育学著作或教材，如范寿康著的《教育哲学大纲》（中华学艺社一九二三年版），孟宪承著的《教育社会学讲义》（一九二三年），余家菊著的《课程论》（《中华教育界》一九二五年第一九卷第九期），黄绍箕、柳诒徵著的《中国教育史》（一九二五年）。孙贵定教授所编《教育学原理》，可谓同一时期较早编撰、有代表性的本土教育学著作和教材，也是中国学者建立教育学学科体系的一次可贵尝试。

在此首先需要说明的是，孙贵定教授所编写的《教育学原理》，实际上并非今天意义上的『关于教育学的理论』，或元教育学理论，即既不是教育学的学术史，也不是有关教育学的逻辑起点与方法论，而是『关于教育的理论』，或者关于教育实践的学术，是通常意义上的《教育原理》《教育概论》《教育总论》或《教育基本理论》。从时间和内容上看，它早于余家菊教授所撰著的《教育原理》（中华书局一九二五年版），因此，可以说此书是我国最早的『教育原理』之一。

《教育学原理》一书，共二十二章，总计不足五万字，是一本供师范院校使用的小册子。尽管篇幅较短，内容却相当丰富，探讨的问题也较为宽泛，反映了作者开阔的教育视野。包括教育意义、教育目的、教育与社会关系、天然与教育、教育学与心理学关系、教育与本能、注意、记忆、思想（思维，注：此段括号内注释文字均为笔者所加）、统觉（归纳或概括）、想象、概念、知识（认识）的性质、教育中的自由、自顾的感情统系（可控的认知情感系统）、本能的利用、习惯、德育方法、责罚、各种教材的价值比较、职业教育。由于是小册子，作者开门见山地讨论教育问题，没有绪论或前言等说明文字，也未加后记，也就是说作者并未交代和说明本书的结构内容和安排意图，这确实是一件憾事。然而，综观全书，也基本能够体会出作者撰写的逻辑。前三章主要讲述教育意义、教育目的和教育与社会关系，属于教育与外部社会系统之间的宏观联系。作者界定了教育概念，认为教育有广义的和狭义之分，广义的教育，凡指是对人有影响的一切事物、现象或活动；而狭义的教育，则专指学校教育，是广义教育的特殊表现形式。人们不管怎样，只要在生产生活中，在社会中，总是要受到各种因素的影响和启思。人要想成为人，必须经历和接受教育。人是教育的对象，教育使人成其为人，并使人类社会不断延续和发展下去。在这一意义上，作者认为，教育是人类社会性遗传的工具和手段。既然人必须受教育，教育是有目的的社会活动，那么，人类就应该创造良好的条件，实现良好的教育，促进人良好的发展结果，即使人的身体、精神和心灵能够顺应自身的天性得到健全的发展和完善。接着，作者阐述了教育上的各种目的主张，如发展天性说、适应社会说、习得文化说、规范纪律说，作者比较了各种教育目的学说和理论的优点与不足，得出结论认为，各家之说各具道理，应该各取所长、避其所短，综合权衡环境与时代要求，不偏不倚，不走极端。因此，在教育与人的发展问题上，既要考虑个人天性、兴趣和专长所需，又必须考虑社会的共同要求，个人发展离不开社会提供的环境、资源和手段，社会发展的目的又是为个体发展和谋求幸福创造条件，两者不可偏废。国家与社会应该平等地对待其国民，促进每一个儿童和成员都能够按照其自身的天性、能力得到充分自由发展。

自第五章内容开始一直到第十八章，从前面章节讨论教育与社会之关系，过渡到讨论教育与人自身发展，此为教育与人的内部关联。作者用了十四个章节集中探讨教育与人的心理发展问题，足见心理学在教育学中的地位和作用。实际上，这也是那个时期教育学理论的普遍状况，同样表明那个时期的教育学家们普遍地、有意识地建立教育学的科学化倾向，而这种科学化的目标和理想，就是谋求教育学的心理学化（心理学已经发展了起来，并且不断成熟）。人是教育的对象，教育目的是发展人和完善人，要教育人，促进人的发展和成长，必须遵循人的身心发展规律，必须研究、利用心理学已经发现的规律、原理和方法进行教育。第五章讨论了人的天然与教育问题，即遗传、环境与教育之间的关系问题，介绍了遗传决定论、环境决定论和教育万能论等不同主张，并加以分析和评论。作者坚持遗传是基础，环境和教育起重要作用，三者不能割裂，坚持了辩证法的观点。接下来，分章节系统阐述了人的注意、记忆、思维、概括、想象、概念、认识、自由、情感、本能、习惯等心理现象、心理活动发展一般规律及特点，教育工作中应该如何利用人的身心发展规律开展相应的活动等等。

第十九章阐述了德育的方法。作者认为德育十分重要，人的健全成长、国家的健康发展，都离不开道德及其教化。关于道德教育的方法，向来有两种，一种是人为教育，一种是自然教育。前者主张道德是可以灌输和传授的，应该从小就教育儿童遵守道德律令，告诉他们是非、美丑、善恶观念；后者则强调自然环境对人的道德的影响，环境甚至比道德科目教育更加重要。作者分析了两种观念和主张的各自利弊，强调要相互协调，既要有专门的道德教育，也不能片面夸大道德知识学习的作用，很多情况下，道德知识或认识与人的道德品质并不直接相关，可能道德知识很多，但行为却是反道德的。同时，按照人的道德发展，人既有良知的一面，也有违背良知的一面，教育工作需要顺应道德发展规律与特点，扬善抑恶，因此，表扬和责罚都是可以使用的德育方法。然而，使用责罚时，还要明了儿童的天性，让儿童明白道理，切不可因为责罚而抹杀了儿童的天性。

第二十一章阐述了各种教材的价值。教材是基本的教育材料或者科目课程，涉及什么知识最有价值的问题，作者论述了科学教育与人文教育、为生活准备与自身发展之间的关系。在作者看来，各种科目、课程和知识对人的发展都有其价值，但重要的是选择最基本的、有教育和发展意义的知识。学校的科目和知识是分立的，但人的生活与实践却是一体的，因此，不宜过分割裂知识的整体性而偏重于一个方面忽视另一方面。应该将有用的无用的、技术的与文化的知识统筹协调，而在根本上，教材要为人类发展服务。

最后一章探讨了职业教育问题。职业教育是学校教育的重要组成部分，不仅有利于发展个人生存能力和本领，而且有利于不断积累财富促进社会进步。作者主张发展职业教育，普通学校及其儿童也要学习职业知识，掌握职业谋生技能，如果没有职业知识技能，就是无业游民，对社会无所助益。作者批评一些教育家看不起职业教育的观念，批评那种只主张学习普通知识、博雅知识，以闲暇教育为高尚活动，而视职业教育为低级卑微的教育思想，认为这是对职业教育的误解。职业教育同样能够促进个人才智、精神、个性的发展。作者也反对单纯的职业训练，把人训练成只会某一技能操作的机器，强调加强基础教育和多种技术及其职业教育，如此，可以适应未来职业变动和社会发展的要求。

《教育学原理》虽然不足五万字，但所讨论问题之广博、内容之深刻、形式之活泼，是值得称道的。需要说明的是，在很小的篇幅中，作者引用、介绍并评价了许多欧美教育家和心理学家的观点或学说，包括卢梭、夸美纽斯、斯宾塞、杜威、高尔顿、弗洛伊德、赫尔巴特、约翰斯通、詹姆士、格罗斯、蒙台梭利、密尔、梅伊曼、裴斯泰洛齐、洛克、福禄贝尔等二十余位知名学者均有涉及，并且不止一次和一处介绍。这也充分反映了我国教育学初创时期的特点，大量介绍、翻译、移植、引用甚至模仿外国学界的思想和观点。该书在结构体系上，实际是东西融合之作，但在内容上明显受杜威、赫尔巴特、桑代克和密尔的影响。甚至在某种程度上，还保留着西方教育学的影子，或者说主要转述了西方教育学家和心理学家的观点。如此，中国古代和近代以来教育家的教育思想在书中明显反映不足，也说明中国教育理论与实践深入探索不足。尽管如此，本书不失为建立本土教育学的一次有益尝试。

本书另一特点，是叙事自然灵活，没有教科书那种机械、生硬、刻板和单调，也没有甲乙丙丁、一二三四式的标准表述，也没列出课后参考书和思考练习题。全书自始至终娓娓道来，较少的小标题使得内容一气呵成，显示了作者对西方教育思想的娴熟和高超的语言驾驭能力。对今天教材编写以至教育研究成果表达，不失借鉴价值。

作者刘振天，厦门大学教育研究院党委书记，教育部人文社会科学重点研究基地厦门大学高等教育发展研究中心主任，教授、博士生导师。

孫貴定編

現代師範教科書

教育學原理

商務印書館出版

孙贵定编《教育学原理》，影印底本：商务印书馆一九二四年八月再版。

孫貴定編

現代師範教科書

教育學原理

商務印書館出版

現代師範教科書 教育學原理目錄

現代師範教科書

教育學原理

第一章　教育的意義

教育有廣義狹義的分別，就廣義說去，凡利用人類生存在社會上的環境，及天然界的狀況，歷史上的事實等，以增長智識陶養德性發展人類天賦的才能都可稱爲教育，這樣看去，教育簡直與人生的經驗同一意義。（經驗中固然也有一部分似乎與人毫無益處的，且或反令人感受痛苦的；但這種經驗，都有消極的價值或可在道德上做個警戒，無論如何，總可有增長智識的作用。）教育的狹義，便是就普通一般人生的經驗，加以一番淘汰，凡與人生利害相關最深最切的，選出一部分來，再設法組織一種特別的環境，通常稱爲學校，用預先思慮周到的方法，將那部分組織完善的經驗，間接或直接教授與智識缺乏人格未定的人。這種人大多數總是年輕的男女,還沒有成丁;或成丁還沒有許多時候。照普通人的一般心理說起來,講到教育,大概不出學校與教科書的範圍,其實這種狹義的教育只好算廣義的教育的一部分;只好算他最初的一番預備功夫。因爲人生在世,所有的經驗,都可作爲教育的材料。除去學校之外,如家庭,如社會上各種團體,在教育上都有極大的價值。學校雖是專爲教育而特別設立的,也不過是許多教育機關中之一罷了;若以爲所有一切教育,都由學校設施,豈非對於學校希望太奢了麼?原來社會上必須設立學校與編輯教科書,祇是因爲文化一開,人類的智識愈進步,社會的組織愈加複雜。成人所抱的目的與理想,所做的各種事業,一般兒童愈加不容易領解,愈加不容易學習。故必不得已,只好創設學校,延請教師,正式設施教育,預備將來兒童長成了,可以繼續前代的事業與思想,這便是學校的來歷;因爲這個緣故,在文化未開的時候,便沒有正式的教育,所有的教育,不外乎從生活中直接發生的經驗。那種經驗，與文化已開的時候，比較起來，極是簡單；故一般兒童，只消與成人同在一處居住飲食，摹仿成人的儀容習慣，便可將那時候應用的智識學習完備；既不必進學校，也不必讀甚麼書。總而言之，學校與教科書的教育，不過是教育的初步；若當他是教育的終點，不但失去了他專爲預備兒童長大成人的本意，況且將人生普通一般經驗，在教育上的價值，都糊塗錯過了，豈不可惜麼？故本書中所討論的各種問題，雖大多數是專從學校一方面發生的。我們須明白教育的範圍，比學校的四壁，大得不知幾許；我們更須明白人生的經驗，都是教育。故真正的教育，是廣義的；而不是狹義的。

教育與人類社會的生命，有直接的關係。因爲人類生存在世界上，互結社會，不論有意識或無意識間，總須以互助的精神，分工作事，方得相依爲命，保全社會共同的生活，謀社會共同的幸福。教育便是這種生活的命脈，這種幸福的基礎。因爲個人的壽限，至多不過一百多歲；而社會的壽限，只要世世代代有許多個人傳接下去，可以繼續不絕。（一個社會全數滅絕的，固也有許多先例：如歐洲的尼唵段泰爾(1)人種，澳洲塔士曼尼亞(2)的土人，早已完全滅絕；只在人類歷史上，留一些遺跡罷了。但無論如何，社會的生命，總比個人的生命較長，自不消說。況且在理論上，確是可以繼續不絕。）但一個社會的繼續生存，雖是物質上的事實，大一半卻是心理上精神的事實。這便是社會全體的文化，風俗，習慣等種種世世代代的公共遺傳物；若除去這種共同的遺傳物以外，所有的人類，只好算一羣烏合之徒。他們的感情思想等，各自不同，心理上既然不能一致，斷不能產出甚麼真實的社會。原來每一代的兒童，將來長成後，社會靠他們繼續自己的生命；但倘沒有經過一番教導訓練，對於那種社會上前代之遺傳物，既然一點沒有知道，便沒有承受的資格；更沒有改造進步的能力。現在教育便是養成這種資格與這種能力的唯一方

(1) Neanderthal Man　(2) Tasmania

法。上文曾說教育與人類社會的生命有直接的關係，就爲這個道理。教育爲社會生命的關鍵，更可就生命的天然性質證明起來。原來生存與死亡的區別，在於自己改變的能力。有生命，必有改變；改變沒有間斷，方能生長，方能時時刻刻去舊更新，繼續生命。倘失去了這個去舊更新的能力，便是死亡。從生理一方面看去，凡身體須賴吸收滋養料與生殖兩項，方得新舊更迭，保全他的生命。現在講到社會的生命，也須有繼續自新的能力，方得免於死亡。這種繼續自新的能力，須從教育中來；因爲教育將社會舊有的文化，思想，習慣等，傳授與兒童，使他們長大成人後，可再傳授與他們的子孫，世世無窮。假使有一代的兒童，沒有一個受過教育，他們祖宗父母相傳下來的社會，便可算到他們手裏滅絕了。總之：社會的生命，全靠教育去做他的滋養料，使他能生產出小社會來，使他世世代代，新舊更迭，繼續下去。

社會的生命，雖是賴去舊更新，得以維持下去；但我們須要明白這種現象的進行，却是漸漸的，並不是突然而來，況且舊的並不是完全廢棄，新的一與舊的接觸，也並不是毫不更變被舊的完全吸收進去；新舊兩個原素，須漸漸互相影響，互相作合，方可有社會的進化。這樣說來，講到教育，我們可從兩種視點去分別研究：一是關於舊的，可稱爲回顧的視點；一是關於新的，可稱爲向前望的視點。回顧的教育，便是將社會原有的文化，如言語，文字，風俗，習慣等，傳授與兒童，使他們長大後，不忘記前代的遺傳物。向前望的教育，便是啓發兒童個人的特性，使他們能利用前代的公共遺傳物，去改造將來的社會，以謀人類的進化。換句話說，回顧的教育，便是把已往做將來的標準；向前望的教育，便是把將來做已往的歸束。顧要求社會有進步，這兩個視點，必須兼備；缺一不可。如我國科舉時代的舊教育，向來專門注意舊有的文化，幾乎全屬回顧的；因此那時候的文化，幾千年來，停滯不動，與歐美列强相接觸，便處處失敗。今若要求我國適當生存在二十世紀中，我們切不可把教育上向前望的視點，忽略過去。

第二章　教育上的好目的

我們做不論何事，抱某種目的，必定希望他能發生某種結果。那個結果，便是我們做那事的終局，一經達到，便算完結。有些事的結果固然沒有止境，但也算一個小結束，好做將來的起點，繼續做下去。但不論何種目的，一經達到，都是一種結果。凡所有的結果，却並不都好算什麼達到的目的；因爲不論何種現象都變化到一個地步，不論大小，便好算發生了一種結果。現在講到不論何種切實有個目的的動作，必定是一種有次第有秩序的進行，如一步一步登樓梯一般，這種進行的次第，通常可分爲三種：甲種是不但依合一種動作天然的性質而定，并且是按次序逐漸從內部發生的；乙種雖也是依合他天然的性質而定，但是不按次序，忽而東，忽而西，反覆不定的；丙種是不管他天然的性質如何，所有進行的次第，都是由外界指示的。關於不論何種目的，我們須先問明是否包含甲種進行的次第，若是乙種或丙種，便只好算一種表面上的結果，實際上不好算什麼達到的目的。

一個目的的作用，在乎能發生一種有次序及佈置完善的進行方法，可使我們一步一步逐漸做去，達到他爲止。因爲目的既然是一個預先料到的結果，我們抱定了他，得了他的指示，便能決定進行的計劃，預先防備未來的阻礙。在沒有達到我們的目的之前，不論做到那個地步，可以約略估算與他距離還有多少遠近，再定方針，一絲不亂。現在講到教育的目的，也必須具這種作用，才好算真正的目的。總而言之：抱定目的的作事，與用智力作事一樣，智力既然是心靈的特別現象，抱定目的的作事，便是心靈的作用。因爲心靈的唯一作用，如預料一事的結果，預算進行的方法，與明白前途可有什麼阻礙，而想出相當的抵制法等，都全靠有個目的做標準。

否則,無意無識,猶盲人騎瞎馬,還有什麼智力麽?

現在我們明白了目的作用,還須研究那種目的,確是適當合用的。大概說起來,一個目的如杜威(1)博士所說,須要遵守三大條件:(一)須從現在真實的情形,直接發生出來,須與現在實際上的助力或難處,直接有關係的。有些教育家,往往不明白這個道理,不管他當時的實在的情形,憑空設想,提倡一種抽象的目的。那種目的,因爲不合事理,不能達到,固是勢所難免,縱使勉强達到了,人類的智力,受了這種外界的束縛,既不能自由選擇,也必不能自由發展。(二)好目的須容易改變,實行起來,可使我們斟酌情形,隨時修正,沒有拘泥不變的害處。大凡由外界指示的目的,不但易與實在情形隔膜,且使人過於固執不變。(三)好目的必須切實代表一種相當的動作,如一個人打獵,捉得一隻兔子,他的目的,實際上不是單單爲隻兔子,他或者想吃兔子肉,或者想穿兔子皮,總之:必定對於那目的物,更有一番動

(1) John Dewey

作。

除去以上杜威先生所想到的三大條件，我們更可加一個條件。這便是凡好目的，須與本人終身最高的志趣與社會全體最高的幸福，*和合一致，互相扶助。否則，若杜威先生所擬的第一個條件，單說好目的須從現在的真實情形，直接發生出來。講到那種目的，究竟與社會及個人兩方面最高的幸福，能否不致互起衝突，我們便不能擔保。

普通一般好目的，須依合以上所開的四個條件，固已說明。現在講到教育的目的。也並沒有什麼特別不同的地方；因此教育上的好目的，須具以下兩大要點：(一)受教育的人，有什麼天賦的才能，有何種特別機會；或有何種特別難處，都須面面顧到。(二)受教育的人，所有種種特別情形，既經考慮周到，所定的目的，必須能於實際上指示一種『進行的方法』。更有一要點我們須牢記心中，這便是像教育一

*至於什麼算一個人最高的志趣等幾乎全是倫理學上的問題現在不及討論

個抽象的觀念實在沒有什麽目的。故講到教育的目的，只有待受教育的人與設施教育的人，參酌他們的特別情形，想望某種具體的結果，便把教育做個產出那種結果的方法罷了。因爲這個緣故不論什麽教育的目的，至多只好表示一個時代大概的傾向，等到實行起來仍須因時制宜修正缺點；若拘泥字面固執不變，教育不但沒有進步，也好算非徒無益而又害之了。

有些教育家，以爲教育的目的，既然必須按照特別情形而定。每一個人既有他個人的特性；便聲言教育上目的的多少正與待受教育的人數成一正比例。這種立論，雖關於個人的異點，足以喚起我們的注意；但究竟似是偏見。因爲目的若依人數增加起來，如普通一般學校內人數總是不少，設施教育的人，便難免歧途亡羊，無所適從；實際上反增困難了。不過我們所應該主張的，便是除出一普通目的之外，一般教師，父母，對於兒童個人的特性，更須特別注意。

第三章　教育上各種主要的目的

自從教育哲學另成一種學問以來，對於教育的目的一個問題，大教育家各有主張，意見紛歧，極不一致：或說是完全的生活；或說是陶鑄高尙的人格；或說是養成公民的德行等等，記不勝記。平心而論，那各種目的，現在用我們的眼光看去，好像近乎偏見。但每種目的當初提倡的人，必定是應時勢的要求，希望他能補救那個時代的缺點。如中央集權的時代，便有個人自由的提倡；人心渙散的時代，便有社會合羣的提倡，故各種目的，在教育史上都佔有特殊的地位。我們若不顧那個時代的實在情形，汎汎的評論起來，往往難免過於苛刻。

就各種教育的目的中，現在我們單擇他在歷史上影響最大的四個，加以一番研究：(一)天然發達，(二)爲社會服務，(三)文化，(四)紀律。

(一)天然發達

天然發達的原理，首先提倡的，便是盧騷。(J. J. Rousseau) 盧氏眼看他那時候法國社會的腐敗風俗的惡劣，所謂文化，不過是些相沿成例的宗教道德，以及種種人造的習慣，都與天性乖離。他曾說：『不論什麼東西，從造物主手裏出來都是好的，但一到人手裏便弄壞了。凡人對於天生成的東西，不加干涉，不肯罷手，甚至逢到他自已的種類，也是這樣。所以他的子孫，一定也要訓練到像一隻馬，在動物園裏一般。』盧氏因此極想改革一切，以求回復人類的本性，他理想上最高的目的，便是恢復天然狀況。但現在有一要點，我們不可誤會，這便是盧氏所說的天然狀況，並不是教育須完全依兒童的意想及慾望。他的意思不過是保全人類的天性。他所謂人類的天性，也並不是專指野蠻人的本性。這個語句，包括一切原始的傾向，須在不論什麼國什麼時代，遇到不論那一種生活情形，全世界一樣的。故盧氏曾力辯各民族及社會上各階級獨有的特點，不好算是人類的天性。

盧氏說教育有三個來源：(一)天然的教育。——這便是將五官的功用與四肢的運動，習練起來，將天賦的才能依合次序發展起來；(二)人類的教育。——這便是天然發達後，還須人類指導，方可明白各種才能的用處；(三)環境的教育。——這便是我們從經驗中所得的智識。講到經驗，總是不離環境中的事物，故稱爲環境的教育。這三種教育，統計起來，第一種完全不是我們管束的，第二種是我們自己可以作主的，第三種有一部分歸我們節制。故若要求這三種教育和合進行，須將第一種做個標準，第二第三兩種都須依他作合。這樣說來，教育唯一的方法，在乎服從「天然的神託」「天然的神託」有二條：(一)照天然的情形，兒童必須做了兒童，方能成人，若不依這個次序，看得兒童如成人一般，我們便養成『早熟的果子，一些沒有味道的。』因此無論如何，切弗依成人的標準，强迫兒童一樣做去。凡說施教育的人，須知理想上最高的目的，爲能利用生命的各種機會，以求發生眞

爲人是有志願與理想的動物，若立志堅忍，竟可戰勝環境，故人類的發達，不可完全服從天然絲毫不加干涉；(二)人類的四肢五官以及種種天賦的才能，都可稱爲天然發達的定界，固不消說。但若此因便以爲這種才能，不論如何用法，儘可獨自發展便大錯了。這是因爲各種天生的器官，須先從實際上的應用，逐漸發展起來，至於他最正當的用處，更須全靠社會的指導。故天然的教育，與上文所說人類的教育有密切的關係，斷沒有獨立的道理。盧氏以爲天賦的能才，都是善的，其實人類本能的衝動原是無善無惡，後來變成或善或惡，全看他的用法；(三)盧氏的教育方法，與智育最不相宜。因爲人生必需的智識中，有一部分，固然可由兒童自己直接觀察，但有一部分，全從人類思想中發源，極爲複雜，兒童天然發展起來，若不經成人指示，斷乎不能自然明悟。

(二)社會上的實用

天然發達論，主張發展兒童天賦的才能，前已說明，現在與這個論點，大不同的，便是把社會上的實用，做教育的主要目的。提倡這種意見的，在美國最多，有幾位如美國第三任總統極弗生，(Jefferson) 第四任總統麥笛生(Madison)等，對於教育都從政治一方面着想，近代教育界中可取哈立斯博士(W. Torrey Harris)爲這派人的代表。

十九世紀初葉，德國大哲學家海格而 (Hegel) 倡言國家國有絕對的威權。個人的責任，只有服從，哈立斯也極受這種學說的影響。故現代的文化，他說是表白世界上最高的理性，個人的教育，非但都是爲這個最高的理性，且須借他的力量，方得良好的結果。社會上的各團體如家庭學校國家等，都是教育上的主要機關。但其中最重要的便是學校。學校的功用，在乎能助兒童與他初生時的文化作合，故學校內所應習的科目，所應採取的教材程度，都須看那個時代的特別情形而定；

否則兒童成人後，對於家庭國家，以及社會上其他各團體，將不知道有什麽責任。縱使知道了，也不知道如何去盡他的責任。若把兒童的天性，做個教育的標準，簡直與教育自殺一般。這是因爲人類真正的天性，都由已成了的男女，在製造世界歷史的時候，實現出來；尋常的兒童，沒有什麽重要的表示，故教育學的基礎，應該是社會學，至於心理學，雖也極重要，只好佔個從屬的地位。

哈氏教育的唯一方法，不外乎指揮兩個字，他曾說：『指揮是教育上最重要的問題。若這個問題，不加解決，我們只好永遠隨波逐浪，做些無益的試驗，徒然枉費了兒童的精神才能。』他更解釋指揮便是用理性發出命令。這種命令，都是經全體人類許多年代的經驗，公認爲保全文化所必不可少的。若嫌他純是外界的壓力，只有將服從的必要，解釋與兒童聽了，希望他能漸漸明白起來，使他自己承認各種法規章程，爲必不可少的。除出這個法子之外，倘更有人崇拜兒童天然的能力，當得他是神聖完美，可稱與事實大相反背。因爲『兒童初生的時候，與野蠻人種一樣，並不知道有什麼文化，如何當心他自己的身體，與他人交際，應用何種行爲，在世界上作事，應用何種方法，可老老實實謀一生計，如何觀察一切事物，如何思想，不論什麼都須教導訓練。』這樣說來，『教師父母的責任，非但並不是發展兒童天然的能力，却反是遏制那種能力，使他能自制自治。因爲每一千件事體中，兒童能做的，總有九百九十九件，不合正道，不應該做的，只賸一件，確是正當可以去做。』

這樣說來，教育的主要目的，當是使兒童長大成人，與社會作合，使他善用他的才能，在社會上服務；否則他在學校中所得的智識，終歸空虛無用。這個社會上實用的目的，包含兩種意義：（一）職業的才識。這種才識，在不論什麼社會上，總是極重要的。因爲一個人總有依賴他的人，如父母子女等，全靠他養活，若少壯的時候，不能自己謀生，反去依賴他人，便做社會的寄生物。這種人愈多，社會必致愈加窮困，這是職業才識必不可少的第一個理由。第二個理由便是不論那一種職業，必定發生一種教育上有價值的經驗。一個人若不當什麼職業，雖或也能依賴他人生活，他的生命終是寂寞寡歡，不動人羨望的；(二)公民的資格。這便是現近代民主國國民所應具的智識道德，在智識一方面，如選舉的手續，立法的原則，行政的大綱；在道德一方面，如愛國服從法律公德心好義心團結力等，都是在政治範圍內，與他人共同作事，所必不可少的。

這個爲社會服務的目的，矯正天然發達的偏見，社會各種共同的生活，在教育上都有極大的價值；亦經這個目的喚醒我們的注意。可惜提倡這種教育的人，過分注重社會上的實用，以致天然發達論的真理，也完全不顧。如哈立斯氏曾主張純用消極的方法制兒童天然的能力，其實這種能力應該從社會服務入手，積極發展。

職業的才識，固然無論如何，必須佔教育的一部分，但若過分注重，便有兩個弊端，不可不爲預防：(一)日後謀生的問題，一經偏重與職業直接沒有關係的學問，難免都被忽略過去，這種教育，過於狹窄，與理想上完全的生活，距離實在太遠；(二)工商各業的與社會經濟狀況，須參酌情形，隨時更變，才有進步。若專門照現在的情形，預備兒童將來如何謀生，勢必至於將現在的經濟狀況，做個永遠不變的標準，弄得將來新工業沒有人提倡。現在經濟上不平等的地方，沒有人改良，社會如何可有進步呢？

(三)文化

除去已經討論過的兩個目的之外，另有一個目的，說教育是專爲灌輸文化，養成文雅的男女。這個目的，在教育史上，佔一極重要的位置。從十六世紀直到十九世紀的中葉，歐西各國，受文藝復興的影響，最初大家想恢復古代希臘的教育，凡可以增進身心的康健，爲自由人民所應該學習的，一切包括在內，這個廣義的理想。豈知不久便愈趨愈狹，直等到教育的材料，不出希臘拉丁兩種文學的範圍，教育的目的，變爲專門摹仿那兩種文學的形式，把他的精神，反而忘卻。意大利首先開了這個風氣，英法等國的教育，都受他的影響，幾及三百多年。

文化二字的意義，本來極難斷定，向來大多數人，以爲是指文學音樂美術畫等，關於人類的特種學問藝術，具體表示人類最高的精神。但自十九世紀的科學大發達以來，現在講到文化，除去文學藝術之外，必須包括各種科學的原理。如現代英國有一位教育著作家 P. E. Matheson 曾說：『真正能發生文化的教育，須使人略能領悟主要各科學的大綱，須先將文學科學美術哲學等各世界開拓起來，才好預備學習各種專門學問。如法律，醫學，工程建築等。』這樣看去，文化的意義，既經大有變遷，我們現在討論起來，亦須將他的種類，分別清楚，若單指古代的文學說，把文化做教育的目的，便有兩個大缺點：(一)所設施的教育過分狹窄，因爲人類的智識沒有窮盡，如現代科學上的各種新發明，若疏忽過去，豈不大錯；(二)這種教育的傾向，往往使人把自己做個中心點，用全副精神，專求他個人的學業，與個人的快樂，不顧社會上的需要。若把廣義的文化做教育的目的，第一個缺點，固然可以不必慮及，但論如何爲社會服務一層，總沒有顧到。

有些教育家說，有文化的人對於人類的智識，最爲充足，故與他人往來，必多同情，胸襟既然寬大，舉止也文雅。這種結果，是一般受過教育的人應該有的景象，也不消說，但若把他做教育的目的，未免過分迂闊，不切實用。

無論就廣義或狹義說去，文化一個目的，與天然發達比較起來，文化是由人類用了心思才力，漸漸建造成功的；天然發達，依天然的指示，不靠人力，這便是一個相反之點。文化與服務社會比較起來，一是注重個人自己一方面；一是注重社會一方面。若文化是普通指一種精神或一種對於生命的態度，爲社會服務須指定某種特別才能或德行，一廣一狹，又似乎相反。其實這兩個目的正可互相補助，造成完善的教育。因爲這種區別的根原是在從前封建時代，貴族與平民在社會上階級不同，所受的教育也以爲應該不同。在那個時代，看得平民都須工作，供給社會上的需要，只有貴族可有閒暇去考究高等的學問藝術。但現在當平民政治的時代，大家平等，天賦的才能雖總有高下之分，教育的機會却極應該平等。況且不論何人，無論能否受高等教育，應該盡他的力量，爲社會服務。在社會一方面，當設法使教育普及，除去預備個人各當一職業及做公民之外，更當使他有研究文化的機會。這樣說來，文化與服務社會，在現代教育上，互相增補缺乏，都是不可少的。

（四）紀律

自十五世紀歐洲文藝復興後，所有高等教育，向來是專指希臘及拉丁文學。那兩種文字，早先是歐洲各國教堂及大學通用的世界語，固然極爲重要但後來十六世紀宗教革新後，各國的本國文字，漸漸重用起來，古代的文字，實際上便沒有什麽用處。一般提倡學習古代文字的人，便倡言希臘拉丁文字，直接雖沒有什麽大用；但在教育上說來，所學的東西本不甚重要。所重要的，爲學習的進行，足供精神上的訓練，養成整肅的紀律。今希臘拉丁文字正因爲十分艱澀，恰好發生這種效果，這便是把紀律做目的的發端。

教育上紀律的觀念，本有許多派別，各自不同，但都假定在智育上有一種普通的能力，包括記憶力與理論等。一經發生，不論關於何種動作，都可應用。這種能力，不論學什麽東西，只要選擇適當，都可以發生的；但有一二科目在這一方面，更加特別適宜。如論理學及數學等，因爲完全是普通的原理。如希臘及拉丁文字因爲文嚴正，字句皆有定式，在教育上都佔有特殊的位置。這種學理的根原，在亞利斯多德的能力心理學，據亞氏說：『人類的心靈可切實分爲幾部分，每一部分專管一種心理上的能力，如記憶力想像力等，都須訓練到有紀律方能合用。』

關於教育上紀律的觀念，最著名的代表爲十七世紀英國大思想家陸克(John Locke)。陸氏一生最酷愛的便是真理，尋獲真理的唯一方法，他以爲只有理論，但理性的發達，全靠教育能養成一種嚴肅的紀律。因爲一個人初生的時候，他的心靈毫無知識，猶一潔淨的石版，後來賴五官的感覺，漸漸有起生命的經驗來。但這種從經驗中取得的原料，更須用一番智力，如判斷推想比較等，製造成智識。這種智力與感覺，沒有直接的關係，須先從訓練心靈入手，然後養成各種必要的習慣。教育由陸氏分爲體育德育智育三大部分。講到體育，他主張衣服須寬大，不宜多穿；食物宜簡單，有節制；臥具宜堅硬，一切生活的狀況，宜戒去嗜好，力避奢侈。總而言之，宜保全極嚴肅的紀律。講到德育，陸氏主張教育須養成高尚的人格，至於所用的方法，又是紀律。他曾說：『體力的强弱全看耐勞耐苦的能力，心靈也是這樣。故德行最大的原理及基礎，爲人類能遏制自己的欲望，不問嗜慾如何，能完全依理性的指示。』這個服從理性的能力，也是一種習慣，須及早養成的。故兒童須明白凡得不論何物，只管與他合宜不合宜，不管他喜歡不喜歡，總之道德一物，全是紀律的結果。講到智育，陸氏十分注重的不是所得的智識，却是所養成的習慣。教育的作用，並不是使兒童精通不論何種科學，却是啓發他的心靈，使他習練成一種傾向，將來不論何種科學，都能隨意學習。故智育的目的，不過是養成思想上的好習慣，這也是紀律的一方面觀。

這種紀律的觀念，從前在教育上，曾有極大的勢力，一到現代，反對的人雖不少，但平心而論，也確有些道理，不可一筆抹殺。現在先將他的真理兩層說明：(一)普通能力一項，近今心理學家大多數說是沒有的。但自由注意的能力，就編者個人的經驗看去，確似可用紀律的訓練發展起來。講到不論那一門學問，程度愈高，抽象的觀念也一定愈多，全靠這種自由注意的能力，方可有領會的希望。(二)縱使普通的能力，便算完全沒有的，人生一般經驗，在心理上確有些共同的性質，終不能駁斥。這種經驗上共同的性質，若依古代的能力心理學，將心靈的各種能力切實分開，這種經驗上共同的性質，還說不明白；現代的心理學，既然承認心靈爲全體合一，自應該愈加顯而見了。這樣說來，不論那一門功課；只要專心學習，都有紀律上的價值。但有些科目，如數學文字等，應用的範圍，與他種學問比較起來，確是廣些，若用他來訓練紀律，當然是特別適宜。

把紀律做教育的目的，却有一個大缺點，我們不可不注意。一個人生存在世，總須選定一種職業，總須特別設法，對付他個人的環境，對於這種情形，設施教育的人，都些特別注意若以爲教育不過養成普通應用的紀律，於實際上的生活，豈不是太隔膜了麽？

(五)結論

設施教育，如打靶子一般，賴有個目的指示方向，不致走入迷路。但打靶子起來，一個時候，只好看準一個目的，否則一個也打不中。講到教育，反須同一時候，看中幾個目的，分路進行，方得有好結果，不致有偏在一面的弊病。現在我們已經從許多教育的目的中，選出四個最重要好的討論下來，明白他們各有長短，各有可以採擇的地方，既不可盡信，又不可不信。因爲在教育上確定目的，猶行軍時坐飛船從空中窺探敵人的情勢，每一方面的觀察，可另算一目的；許多目的合併起來，方成一幅完全的圖景。在教育上由各種目的所指示的進行方法，正猶關於敵軍情形的各方面觀，恰巧有互相合作，互相補助的作用，斷沒有互相衝突的道理。故設施教育起來,並不嫌目的太多,只有嫌目的太少。因爲每一個目的,發生一種視點;視點愈多,只要措置得適當,所得的結果也一定愈加完善。譬若兩個目的,含有絕對相反的性質,如天然發達與爲社會服務;又如爲社會服務與灌輸文化,正可使我們從兩方面的極端,尋出他的中點,不偏不倚,走公平坦直的路,向前進行。

第四章　平民政治下教育上個人與社會之關係

第三章內曾說教育的目的種類極多,都有人提倡過,先將天然發達等四個主要目的,詳加討論。後來結論又說教育上目的愈多,能矯正偏重一端的弊病。這個意思固然不差,但從許多目的中,我們還須提綱絜領,理出一個頭緒來,免得實施教育的時候,反增紛亂。

所有教育上的各種目的,無論如何看似不同,從根本着想,總逃不出以下二類:(一)注重個人一方面;(二)注重社會一方面。這是因爲教育的來歷,本是個人與社會互相倚賴之必要，除去個人天賦的能力與社會上的環境兩大原素外，更沒有什麼別種重要的成分必須顧慮到。至於天然界的環境，雖似與社會上人造的環境可以區別，但天然的狀況所能發生的影響，當已在個人天賦的能力中與社會的環境上實現出來，故不必另外討論。

現在單就個人與社會的關係着想，好像有許多互相反對的地方。社會用法律的威權，風俗習慣的勢力，強迫個人服從，使他的個性不能自由發展。如歐洲當中古時代僧侶專制，倘有人自憑天良，對於宗教膽敢表示他個人的意見，便受教堂的虐待；甚至因此喪失性命的也是不少。倘若一個人的行爲與社會上公衆的利益，確有害處，社會爲全體起見，自然不得不加干涉；但最不公平的，便是有時候，一個人的意見或計劃，實在與社會並沒有什麼反對的地方，不過因爲與那時候社會上的普通一般心理不合，也只好舍己從人，免得招社會的笑罵。像這樣最困難的，便是一般主張維新改革的人。這種人正是因爲力圖維新，對於那時候通行的風俗習慣，必定有一番攻擊，便難免受社會的寃誣。這樣說來社會似乎本性守舊，個人若不肯服從，無論爲什麼原因，總須受反叛的責罰。如尋獲新世界的科侖波，前後不知經歷幾許困難的歷史上也實在不少。但更從他方面看去，社會與個人並沒有互相反對的道理，最後分析起來，社會的成分便是個人。社會的生存，原是爲全體的各份子增進幸福，故社會與個人確是互相倚賴。我們有四個主要理由，可以證明這個要點：(一)凡人生存在世，從沒有獨居深山，與他人完全沒有往來的。別的事不必說，卽衣食住等極平常的需要，也須靠他人的助力，方才不致缺乏。若集合許多人的力量分工去做，不論何事，便輕而易舉。總之個人能力單薄，故爲共同的生活起見，不得不互結社會，預備合作。(二)個人爲社會服務，兩方面都有利益，社會得個人的扶助，個人也因此得一番實際上的訓練，可以發展他原有的才人當各種公共事業的領袖。（四）不論何人，縱使外面看去好像一無所能，實際上總有他個人的特長，苟得相當的訓練，必能儘他的力量增進人類全體的幸福。故社會卽單爲自己的利益起見，也極應該扶助個人，使他有發展個性的機會。照以上四大理由看去，教育應盡的責任，第一步便是證明社會與個人並沒有反對的地方，然後再用相當的方法，去保全社會與個人兩方面正當的利益，既不可偏重社會，也不可偏重個人，凡真正的教育，都應抱定這個根本上的宗旨，自不必說。但幾百年來所有歷來教育的目的，都不免偏重的弊病，理論上固已是這樣，實行起來更加不可收拾。從來大教育家所主張的目的，不是看得社會過重，便是看得個人過重，好像竟是沒有一個適中的辦法。現在隨便舉幾個往例，如德國費喜德 Fichte 當普法戰爭之後，組織全國的教育制度，看得國家有神聖不可侵犯的威權，個人只有服從的必要。又如英國的陸克 Locke 與原籍瑞士的盧騷在教育上的主張，雖各自不同，但都偏重個人一方面，與社會的需要，沒有什麼切實的關係。歷史上最大的教訓，便是在教育上無論偏重社會或偏重個人，總必致發生惡劣的結果，動搖國家的根本。若單顧國家，以致個人的能力，沒有發展的機會，就積極說去，便逼得個人背叛國家，不能保全公共的治安，就消極說去，便使社會的文化，停滯不動，永沒有進步的希望。若單顧個人，以致社會上公共的事業，沒有人去提倡，社會上合作的精神，沒有人去鼓吹，勢必致各人各謀一已的私利，使社會上的各階級，紛爭不已，致不能平等，亦不能自由發展。社會與個人若偏重一方面，既然有如上節所說的禍害，我們急需研究，如何可使教育的目的公平不偏？如何可使個人與社會各得相當的注意，不致互起衝突？若要實行這種計劃，第一步須明白教育與社會的性質，有極密切的關係，若要求教育的改良，須先改組社會，以平民政治的原理爲根基，然後實行適合平民政治的教育。這是因爲平民政治的意義，並不是一部分的人民管理其他各部分，乃是合社會上的各階級互相管理，以成一種共同的生活。若一個社會，不是這樣組織成功，便只有一部分的人民獨享管理教育的權利，用他來保全他們獨享的權利，鞏固他們在社會上優先的地位，其他各階級的利害，除非與他們自己的利害攸關，便一切不顧。例如當十九世紀的初葉，英國的勞働界，一點沒有普及教育，在那個時代，科學上的各種新發明，逐漸利用起來、工業得以大發達、但並沒有增進社會全體的幸福，所有唯一的結果，只是使少數的資本家，積聚極大的資財，其餘的人民，都做他們的奴隸，由他們看去、工人所應受的教育，只以能勤勉工作的目的，其他便以爲當然不必顧到。故在教育史上最大的進步，是在現代平民政治的思想發達以後，原來從希臘時代，直到十九世紀的初葉，對於教育的普通一般心理、常以爲有些人，天生是下等的，故除學習一種職業外，更不必受什麼教育。這種人向來被幾個少數的人利用為爭權奪利的器械，故在教育上個人與社會的關係也從來沒有人去切實研究過。早先柏拉圖 Plato 講到這個問題，曾說教育的進行，當分兩步一是看一個人有什麼天生的才能，一是設法與他的才能有發展的機會。從一方面看去，柏氏的計劃，只管才能的高下，不論其他不平等的地方，似乎極合平民政治的思想。但他又依這個原則，將社會的全體區別為哲人、兵士、工人等三大階級主張教育原是只為哲人設施，一般工人便不屑教誨，這種論點便與平民政治下的教育，大相反背了。因為一個工人雖與哲人地位不同，但也有他的個性，倘能藉教育的助力發展起來，一定也能使他在社會上，不論大小有他個人的貢獻。況且若依柏氏的主張，只須天資高的去受教育，天資低的便不必受教育，勢必至於聰明的人愈加聰明，愚笨的人愈加愚笨，永沒有進步的希望。這種制度，一經實行，造成的社會，一方面必定有幾個少數的主人，一方面必定有許多奴隸、爲他們所利用。原來古代希臘的文明、以奴隸爲基礎，便是這種學說的惡果。

後來亞利史多德 Aristotle 看得教育是政治的一部份，故他說教育的目的有兩種：一爲陶鑄人格，使個人能造成國家的幸福一爲使個人盡了他公民的責任後，能正當享用他所有的餘暇。亞氏的論點，好像對於個人與社會兩方面，都能公平看待、但實際上沒有什麼好結果。等到歐洲文藝復興之後，宗教一革新，個人平權的思想，也漸漸發達起來大家想要恢復古代希臘的文化，設施廣義的教育，好像是向來注重社會的反響。但這個新教育的範圍，不久愈縮愈小、變成爲一種狹義的訓練，專重文學的形式，不顧文學的精神，以致個人的特性，也沒有發展的機會。在教育史上真正的轉向點，却是盧騷後來許多教育家，如配史泰洛齊等，Pestalozzi 都大受盧氏的影響、他的天然發達論、上章已經詳述，但現在我們更須注意的、便是他的學說、矯正向來教育上誤會地方，確有絕大的功勞。盧氏以前，社會上普通一般心理，看得教育是一部份人獨有的權利、盧氏以後、教育的目的，是天然發達，不論何人總有些天賦的能力，可以發展，自然人人都應該受教育。故在中古時代，只有武士僧侶與縉紳先生的子弟三種、受些教育，其餘的人民，便沒有什麼智識，一到盧氏出世後，社會上不分階級，漸漸都受教育起來。

良好的教育，須在平民政治下，才能設施，上文已經說及，現在還須將平民政治的性質，解釋明白。在一實行平民政治的社會上，不分畛域，不分階級，各以互助的精神，去謀公共的幸福，倘要達到這個目的，全社會的各部份，必須互相表示同情，一致進行，最重要的便是在教育上須將文化與職業中間向來牢不可破的界限，完全消除。不論實行何種制度，一方面須預備個人能為社會服務，這便是指職業說，一方面須使個人對於高等的文藝也能略有門徑，使他的個性能完全發展，這便是指文化說。在平民政治下，抱了這種廣義的目的所設施的教育，自然能不偏重社會，也不偏重個人，使兩方面各得公平的待遇了。還有一個要點，須解釋清楚的，便是上節所說的平民政治下的教育，並不是像赫巴脫 Herbart 陸克 Locke 與極姆史彌爾 James Mill 等假定一切人類，都是天然平等的。現代的心理學，早已將個人的差別，確切證明。故如蘇格蘭一九一八年的教育案，雖把教育的範圍，大加擴充，但他根本上的原理，並不是以爲全體的人民本有同等的才能，乃是指不論何人，凡有受教育的能力，須儘他的量，受相當的教育。我們的主張，亦是這樣。

第五章　天然與教養

講到教育的進行，無論如何，不出兩個大原素的範圍。現在我們依英國名儒高爾頓氏 (Francis Galton 一八二二——一九一一人類學家主張改良人種) 統稱他們爲天然與教養。天然是指生產以前已有的身心，如四肢五官以及各種本能感情等，雖然沒有發達，却都已天生成功，好做後來發達的起點。教養與天然的界限，很難切實劃開，因爲人類的胎子在生產以前，已能間接受外界的印象，我國古人有講胎教的，正是爲這個道理，但大概說起來，教養是指天然界與社會上的環境，與我們上文所說廣義的教育，同一意義。換句話說，一個受過教育的人，比喻是一件工業的出品，天然便是天生的原料，教養便好算製造的進行。天然與教養性質不同，而互相有極大的影響，天然是限止教養的條件，教養是改變天然的唯一方法，也不消說。現在關於我們最大問題，便是在教育上到底那一個元素是最重要，講到這個問題，有兩種極端的學說，一派主張教養可以改造本性，一派主張本性已預定發達的次序與傾向，故教養的效果，全是不足注重的，究竟那一說確是真理，現在須討論一下。

主張教育萬能的一派學者中，德國大思想家赫巴脫 J. F. Herbart 爲最著名的代表。據赫氏的心理學人類的意志，天生有一種可以教養的才能，兒童的心靈，在初生的時候，既沒有什麼好，也沒有什麼壞，不像身體的發育，有切實的次序，早已在胚胎中預定。因爲心靈的組織，全係各種觀念合作而成，所有意識的狀態，便是各種觀念互相結合互相應響的結果，他們的性質種類，並不是預定，故若要求心靈呈什麼好現像，全靠設施教育。

教育的重要，由赫氏看去，真是無邊無涯的。教育的作用，第一步爲用教練的方法，造成一組觀念，到了最後的一步，便是從那組觀念中，能發生合於道德的意志，有知行合一的能力。沒有受過這種教練的時候，兒童的心靈，赫氏說是一種非物質的實體，含有極簡單的性質，本來自己不會改變，也沒有什麼能力，沒有什麼動作，完全是一個消極的物，但一與身體結合起來，便變爲許多觀念的「擔夫」，至於這個「擔夫」的肩上，荷什麼觀念，須全看他所受的教育。總結一句，心靈的質地本是人人一樣，毫無分別，所有不同的地方，在於天資，天資可分爲兩種：（一）從身體自己的組織上來的，如身材的長短大小五官感覺的敏銳遲鈍等，人各不同，這都是生成的。（二）從身體與心靈結合而來的。關於這種天資的根原在於環境，環境中有二大要素，一爲所住的地方，一爲所與往來的社會。因爲這個緣故，若兩個學生受同樣的教育，平等的待遇，只須他們的天資完全一樣，還有許多教師所不知道而亦有關教育的情形，只須也完全一樣，他們長成起來，竟可絲毫沒有分別。

與赫氏的學理相反的一派學者，公推上文說及的高爾頓氏爲主要人物。高氏曾用統計學的方法，研究教養與天然的比例，他調查許多雙生的兒童，每兩個雙子，在生產的時候，若幾乎完全一樣的，更看他們後來的歷史有沒有改變的地方，或若他們初生的時候，本是大不同的，教養相同，同住在一處，又同學共遊，更看他們後來有沒有同化的光景。

高氏先取幾個一樣的雙子，無論關於性情意念的連合，與特別的病痛等都極相像，這種雙子他查考了三十五對後，所得的結果，爲教養雖各有不同，每一對的身體與心靈從小到老，大多數並沒有什麼改變，偶然有曾經改變的雙子，據他們的父母說，幾乎完全是受疾病的影響，如內中有四人曾患猩紅熱，一人曾患神經寒熱等是這樣考察下來，他深信天然有極大的勢力，教養雖可與他抵抗，總不能有獲勝的希望。

後來高氏又轉換他研究的方法，專門調查本來大不相同的雙子，看他們若得同樣的教養，能否發生同化的效力，抱定了這個目的，高氏著手查考這種雙子，共有二十對之多，最足驚奇的，便是這二十對的表證，竟是絕對相同的，故他們全體的性質，只須舉一二個例，便已可切實說明，如一個人講到他的雙子，說道：「從生產的時候，直到現在，(註)他們曾得完全相同的教養，但除去他們兩個人的身體都極

(註)高氏沒有說明什麼年紀

强壮外,其餘一切,無論精神上身體上感情上都完全不同。」還有一個人說:「我的雙子的性質習慣完全相異,但從初生到十五歲時候,他們從沒有互相離別,况且他們曾同吃一個女人的乳,同受一個學校的教育。」這種說話,雖或無意之中言過其實,但高氏所得的印象,爲除去職業上的訓練外,不得不疑問教養果有什麼能力否。

赫巴脫與高爾登二人的學理,根本上不同,固不消說,倫敦卜塞能教授 T. Percy Nunn 以爲他們在表面上雖互相反對,其實到底還有和合的地方,因爲那兩種學理的根原,都在於機械的生命觀念,一方面說,只要教養適宜,天賦的才能如何,可不必計較,一方面說,天然預定發達的性質,教養如何,無足輕重,兩方面都看得生命如機械,在某種狀況之下,便一定發生某種結果,無可挽回的。現在卜塞能教授的學理,獨樹一幟,與赫氏高氏都不同。據他說凡屬生物都有一自主的原則,對於天然教養兩項雖不能完全獨立，但無論如何，終有自由指揮的能力，可去利用那兩大元素。推想能教授的意思，謂每一個人有他的個性，與他人不同，這個性的來源，既不單是天然，也並不單是教養，乃是一自主的原則，但這個原則，由我們看去，極難探測，且亦極難解釋，近於神祕的觀念，除於學理上有解釋的作用外，實際上究屬如何，沒法證明。

現在據我們的意見，人各有個性，固然也絕對承認，但這個個性，可稱為完全是天然與教養互相影響的結果，至於這兩大要素的比例，現在無法確定，但終不出他們的範圍、能教授所說自主的原則、即可作為天然能力中的一部份、似不必另立名目。又天然與教養兩項，都極重要。缺一不可。因為天然猶一棵樹的種子，教養猶日光雨露以及園丁的栽培。若種子是桃樹，無論如何栽培，只能改良他的性質，終不能使他變成梅樹。講到人類受教育的才量、各有限止，斷不是人人平等的，正與桃樹不能變成梅樹一樣。

照上節所發表的意見，我們可將赫高二氏的學理，略加批評，兩個都是偏於一方面也不必說。若依赫氏，教養既是萬能，只要教養適宜，對於人類的前途，大可抱樂觀。若依高氏，則一切由天然作主，教養的效力，既是極小的，對於人類的前途，又不得不抱悲觀。關於赫氏，我們可說他沒有顧到天賦的才能本有特別或普通的限止。關於高氏，我們可說他沒有顧到社會上的遺傳，有極大的影響。如一千八百七十年普法之戰後，不過四五十年功夫，德意志聯邦帝國完全變成普魯士的狀態，幾乎全賴學校的勢力。況且假定教養不能改變天然的性質，但若要遏制天賦的才能，却是儘有這個力量。例如墨來島 Murray Islands 土人本來凡遇物件的數目，在六以上，便不會計算，這種人學習算學的能力，固似乎十分缺乏，但一經英國的教師教練一番，有許多人居然變成極能幹的算學家。從此可見教養之不良，於天然的能力，亦有極大的影響。

第六章　教育學與心理學的關係

大概說起來，教育的目的應時勢的要求，依合社會的性質，隨時變遷，本來很不一致，卽如本書第四章內所述的平民政治下的教育，也不過照現代政治社會的趨勢立論，若將來政治生活的情形大有改變，教育一端，自然又須重新組織，方能合式。總之教育的性質、與社會的組織，息息相關。社會的變遷，在根本上便也是教育的改革。但教育無論如何改革，於教育學與心理學的關係，總沒有什麼大影響。這是因爲教育心理學所研究的，並不是教育的目的，却是兒童的本性本能，使我們明白教育的進行，應採用那一種方法，可達到我們所抱的目的。不論那位教育家，不管他抱什麼目的、總要設法做成功三件事：（一）教授些事實，（二）訓練幾種才能，（三）引起幾種興味。他總要同時並進，聯合以上三項布置教育的全局，原來心理學對於那三件事，恰巧有助他成功的能力，不論教授何項事實，訓練何種才能，或引起何種興味，恰巧都能指示應用的方法，使一般教育家得以事半功倍，收美滿的結果。這樣說來倫理學社會學等雖都與教育學很有關係，但總不及心理學這樣切近。

科學的心理學，雖是到了現代方在出現，但自有教育以來，無論有意識無意識間，無論與真理合不合，總有些心理的學理做個基礎，心理的學說一變，教育上的實施亦隨後改變，我們只須舉一二個例證明這一端！英國哲學家如陸克 Locke 黑歐姆 Hume 邊沁 Bentham 等主張心靈的發達，全靠各種意念的連合，假定三大要點：(一)初生的時候，心靈本是完全空白，一無所有。(二)所有智識的來源、不外乎五官的感覺，與內界的思想。(三)心靈的發達，全靠簡單的意念與複雜的意念連合起來。依據這種理論，教育上第一件要事，便是將各種意念分析起來看他是簡單的，還是複雜的，第二件要事，便是直接將正當的感覺揭示與兒童，使簡單的意念能逐漸增加起來，兒童的心靈，既然看得這樣完全是被動的，教育的天經地義，便是重複背誦，直等到牢記不忘爲止。像這樣的教育，從十七世紀直到十九世紀後，約二百多年，風行英國全國。又如亞利史多德 Aristotle 深信人類的心靈，乃是幾種各自獨立的能力，如理論想像記憶等結合組成。這種能力心理學，在教育上也發生極大的影響。因爲心靈既然不過是幾種能力的結合，學校裏的功課，自然應備相當的學科，將那幾種能力分別訓練完善，如數學專爲理論，文字專爲記憶等。第三章內所述及的紀律觀念，便這樣發生起來。

在教育上應用的心理學，隨口說去，應包括以下許多大題目：——習慣的養成，感覺的印象，兒童個人的差別，在教育上的意義，心理上兒童與成人的區別，運動的反衝與知覺的關係，注意的種類與條件，各種學習的表樣（如視覺的聽覺的與觸覺的等）統覺（或稱融會作用）與學習的關係，記憶力的經濟，運動的才能的訓練，思想的進行與發達的次序，摹仿與暗示的性質，精神與身體的疲倦，想像的作用，個人自修與學校內共同學習的比較，普通智慧與特別才能相互的關係，教育應持的態度，合羣的觀念等，以上各項問題，我們沒有功夫去一一討論，現在只可選擇幾個最重要的與教育的原理關係最密切的，在以下各章內分別研究。

第七章　教育上本能的基礎

上章所述心理學與教育的關係，沒有講到教育上本能的基礎，這個問題，我們留下在本章討論。

人類的心靈，分析起來，可分爲兩大部分：（一）各種天然的傾向，（二）智力上的各種能力。這兩大部分中，第一部分在根本上比第二部分重要得許多，因爲各種本能，早經現代的心理學承認爲各種動作的原動力，故確是意志與品性的根基。舊時的心理學，假定人類全是智力的動物，對於本能並不甚麼注意。但現代的趨勢，為採用生物學的原理，使人類的本能，也得相當的注意。況且我們在教育上，因為兒童的心靈在沒有發達的時候，理性還未萌芽，或正在萌芽，本能的心理學，更是特別重要。

據麥克多格爾 McDougall 的定義，本能是『一種遺傳的或天生成的身與心的傾向，這個傾向的能力，在於使人知覺與注意及某類東西，感受一種感情上的刺戟，便即發生某種特別動作，或者至少覺得一種衝動，要那樣動作。』照這個定義，可見得本能不但是各種動作的原動力，且預先指定各種動作的目的。麥氏承認八個主要的本能，一、逃避，二、厭忌，三、好奇，四、好鬬，五、自卑，六、自誇，七、庇護子女，八、合羣。此外還有幾種本能上的普通傾向，如同情、暗示、摹仿、游戲等，我們現在單揀在教育上最關重要的討論一下。

一、自己的傾向

一個人與人交往、無論在家庭或學校內或在社會上，對於他人的態度，不是自誇，便是自卑。處不論何種地位，關於不論何種事物，倘遇見他以爲不及他的人相形之下，不禁覺得自己比那個人好些，倘遇見他以爲比他好一些的人，相形之下，不禁覺得自己不及那個人，天生成這兩種自誇自卑的傾向，在教育上有極大的作用。自誇的本能，便是好勝心的根基，在『豈有我不會做這個麽』一種態度上表示起來。自卑的本能、便是虛心學習肯受父母師長的指導的根基。善於教導的人，總善於利用這兩種本能，每見適當的機會、或故意使他的生徒，自信有些才能，免得他們心灰，或故意使他們自覺有些缺點，喚醒他們發奮求學的必要。

許多小兒年紀極輕的時候，便露出自誇的本能來。麥克多格爾氏曾述及他有一個兒子，『實足不過十八個月、初學走路，看見有人稱讚他，他便十分高興，若沒有人稱讚他他便十分氣惱，滾在地板上直哭起來。』年紀稍大的兒童，往往喜說大話，或頑劣不受管束也都是這個本能的現象。但一到將近成丁的時候，自敬自尊的心，漸漸萌芽起來。這個自誇的傾向，便變爲人格中最重要的成分，能使一切行爲都受意志的管束，這是因爲不論何人除非有神經病的或曾受催眠術的暗示，平常想到一個意念，若同時一點沒有什麼感情上的作用，便斷無在行爲上實現的希望。一個人自敬自愛的心，對於他自己的行爲，恰好有這種感情上的作用。

二、摹仿

摹仿便是把他人做自己的榜樣的傾向，凡一舉一動看見別人怎樣，自己也想學他的樣。但這個名詞，是專指動作一方面說，若仿效他人的感情，便稱爲同情。摹仿的發達，大概經過三個時期：(一)本能的時期，——在這個時期內，一個人不知不覺仿效他人，究竟爲什麼緣故，連他自己也莫名其妙，如兒童學說話，無意識間摹仿他所慣聽的口音便是。(二)有意識的時期,——在這個時期內,一個人明知摹仿他人。(三)立志的時期,——到了這個時期一個人自已選擇一個模範,抱定宗旨,總要學到像他一樣爲止。這種志願的根原在於摹仿的傾向要求實現起來,或在於實際上確有用處,或者不過是爲虛榮心只求不落人後。

在本能的時期內,一個人摹仿與他常相往來的人,不過是習慣的作用,並不是因爲覺得自已有什麼短處。但一到有意識與立志的時期內,一個人總是摹仿比他上等些的人,與他平等的人或比他還下等的人便不去摹仿,這是因爲不論何人須先有自卑的感覺才肯虛心去學習他人。但這種感覺又不可過分痛切,否則徒然使他垂頭喪氣,望洋興嘆,自信一無所能,怎麼還能立志摹仿他人呢?原來有許多大人物的兒子,或極聰明的教師的生徒,往往庸碌無能,有些人說便是爲這個緣故,如學校裏邊教師對於學生,若過分親熱,便容易開玩狎的端,反被學生看輕,若過分嚴刻，又失之疏遠，徒然使學生怕懼，都不肯把他做摹仿的模範，教師自己的品行學問，無論如何完美，若他的學生不去摹仿他，總是一點沒有什麼實在的益處，故做教師的人，待遇學生最好是適乎其中，既不過分親近，又不過分疎遠。

三、暗示

暗示二字，在心理學上有特別的意義，這個名詞的定義爲『一種本能的傾向，遇到不論何種意念或信仰，一經他人用言語或態度或動作表示明白後，不加批評，不加考慮、便去實行起來。』這樣看去暗示與摹仿有相互的關係，不過一是被動的，一是主動的。

若求暗示發生效力，須依合以下四大條件：(一)暗示的人，素來是信託的，或敬愛的，或者這個人的聲音，或容貌，素與這種感情有意念連結的作用，總之善於暗示的人，在善於使他人發生一種感情，使他的心靈動搖不定，呈分裂的現象，將所有反對的意念，完全遏制。（二）暗示的人，須具自治的精神，與被暗示的人不可過分親熱，說話不可太多，須持一種沈默不可窺測的態度。（三）所暗示的意念，切不可惹起反衝。預防反衝的要訣有二：一、須全看被暗示的人的特別情形，去所暗示的意念，須與他生平的欲望志願，有些吻合的地方，無論如何，總不可過於反背；二、所暗示的意念，與一個人原有的志趣雖並不反背，但若暗示的人過於性急，或過於迫切，便必致欲速則不達。總之暗示的進行，須慢慢兒的，一個意念若可以分作幾次暗示，最爲得法，因爲不盡不實的意念，往往容易惹起好奇心，使他人自願探問他的詳細。在學校裏邊，善於暗示的教師，每一回授課完結後，常能使他的學生，覺得好像還有一點極有價値的智識，他故意沒有講起，極想等到明天再去問他，這種教師，便可稱爲循循善誘了。（四）一個意念若乘人不備，突然暗示，使人覺得十分驚奇，心神震動，恰好發生極好的效果，這便是英國的教育著作家冠丁奇氏

Keatinge 的意思。

四、遊戲

遇到相當的環境、兒童與其他年輕的動物，不受自制，便要遊戲，關於這個本能上的傾向，已經許多思想家討論過，他們的意見、各自不同，現在我們只能講述幾個最著名的學理。

(一)氣力盈溢的理論，——這個理論，最先是德國大詩人希勒 Schiller 所提倡、後來英國大哲學家斯賓塞爾氏 Spencer 又採用希氏的論點，繼續研究一番，故現在出名爲斯氏的理論。據斯氏的意思，大凡兒童與年輕的畜生，衣食住等各項，都已有父母供給，無需自己去謀生，因此節省了許多氣力，盈溢起來，沒有什麼用處，便只好去游戲。這種理論與事實不盡相合，如兒童與年輕的畜生往往儘量遊戲，雖是已覺疲倦了，還不肯休息，況且若單說遊戲是盈溢的氣力，怎麼能解釋遊戲的種類呢？又凡年輕的動物，在體力充足的時候，最喜懽遊戲，好像證明斯氏的論點，但若要不論何人工作，豈不也須等他體力充足了，方才最肯出力麼？

(二)撮要重複的理論，——據這個理論，人類的進化史，顯然可分爲幾個時代。兒童的遊戲，便是在個人的生命中，將那人類進化所經過的幾個時代撮要重複起來，好像溫理舊課一般。故一個兒童從初生的時候，逐漸長成起來，表示不論何種遊戲的動作，表面上看去，似乎沒有什麼意思，實則却是縮演人類進化史的一部份。這種論點，似乎缺乏科學的情神。因爲人類的進化，與其他各種生物的進化比較起來，還不算十分長久，每經過一個時代，固然必有一番變遷，但無論如何，這種變遷，總不致十分重大，可使我們至今將那幾個時代區別得淸淸楚楚。

(三)預備生活的理論，——主張這個理論的，便是格羅史 Karl Groos 據格氏說，遊戲本是爲日後生活的準備，如一隻小貓的遊戲，已像捉老鼠一般，遊戲的傾向，在人類本性中也佔一重要的地位，正是因爲他在生物上有極大的作用。故兒童的遊戲，好算是各種本能必須經過的一番訓練，可使天賦的能力，將來切合實用。這個理論，確能解釋許多遊戲的動作，如男孩子喜懽打獵的遊戲，女孩子喜懽抱洋囝囝等都是。遊戲與工作，不難區別，遊戲是單爲動作，工作是專爲動作所得的結果，格氏否認這個論點，曾說遊戲的時候，也常有一個目的做個歸束，故各種比賽的遊戲，因爲有個第一名的榮譽做個目的，最足引起兒童的興味。這種意思，固然也不錯，但無論如何，遊戲只須發生些動作，便可使人滿意，如兒童往往在路上亂跳或奔跑起來，恰合我們的論點。

遊戲與工作，純粹在心理上的分別，可稱一是假定的態度；一是信仰的態度。若只須假定一切事物，便可隨心所欲，毫沒有什麼外界的限止，但若必須有信仰，自然全賴事實上的證據，處處受外界的束縛。這樣看去，遊戲過度的危險，在於使兒童忘去真實的世界，一天到晚像做夢一般，從來不會醒悟。除去這種危險外，包爾特文 Baldwin 氏曾說遊戲所以能使人滿意的地方，在於動作的自由。但這種自由，若享受過分了，往往極容易與道德上的自由混在一氣，在倫理上變成極大的障礙。原來遊戲的自由可分爲兩種：（一）凡遊戲的目的所有的價值，都由我們自己定的，達到那個目的的方法，也可由我們隨意選擇；（二）遊戲起來，總覺得隨便什麼時候可以自由停止，不像工作含有強迫的性質。若一個人享受這種自由，變成了一種習慣，一旦遇到道德上的危機，去惡就善，必須自己決擇的時候，也便隨口說道：「我不要這樣遊玩」，豈不將大誤事麽？有好幾種遊戲，因爲有些組織的，在德育上自然也有些價值，如使一般兒童直接從經驗中養成公平待人遵守定規等習慣，但這種價值總是有限的，我們也不必說得過分。總之若看得道德的進步，像遊戲一般，以致教訓兒童起來，便完全任他們自由動作，實在不足爲訓的。

遊戲的傾向在德育上的作用，上節已經說明，現在講到體育，這個本能上的傾向，本是極有價值，但在學校裏邊，有組織的遊戲，與沒有組織的遊戲，都應該提倡。因爲有組織的遊戲，既經預先規定某種動作及某種目的，關於身體的發育總有鍛練不周到的地方，更須賴沒有組織的自然運動，去補助這種缺點。又體操固然於身體有益的，但切不可以體操代遊戲。因爲體操，比有組織的遊戲，更加呆板，若要訓練身體的紀律，固極適用，但總不及遊戲的活潑，况且只能鍛練一部份的肌肉，不及遊戲的影響全體。

體育的重要，大家都知道，但所以重要的理由，不妨約略附述：(一)强壯的身體，爲生命的第一種樂趣；(二)智育的發達，大半靠腦筋及神經系的健全；(三)世界上有許多罪惡的根原，在於殘弱的身體，故盧騷曾說：『身體愈弱發出號令愈多，身體愈强，愈加肯服從命令』(四)體力的强壯，爲社會服務起來所必不可少的，否則沒有一事可做了。

五　合羣

從生物學的原理說去，我們可推想有些孤立的動物，體力薄弱，無論尋食避敵，都不及結合團體的動物利害，這樣幾千萬年天演淘汰的結果，便是合羣的本能。原來人類好像也是那類動物中的一種，現在生物學上的意義，姑且不論。我們單看現在他的本性中有一種傾向，使他自然而然要尋覓人類的社會，若孤獨無伴，暫時雖覺得沒有什麽，過了沒有許多時候，便覺得寂寞寡懽，心神不安，好像不知遺失了什麽寶物一樣，須要尋獲了才能定心。原來社會上各種公共的集合，不論是爲看賽球或慶祝或追悼或研究學術，除去表面上顯而易見的目的之外，正是爲合羣的本能上的滿意，

這個本能在教育上有極大的作用，因爲合羣的觀念與團體的精神，都是由他發

生。否則世界的人類，既不能結合甚麼社會，也沒有什麼共同的事業，生存還是個難題，怎麼可有文明呢？

合羣的觀念，爲從本能的初步上升到最高的頂點，分析起來，包含得有兩大要素：（一）承認團體爲本人自己的一部分的意念；（二）集合於這個意念的感情。故理想上最完善的團體，卽是一種放大的個人，個人只有一已，一個團體的各份子，所有的思想感情志趣等，若能完全一致，竟可變成爲許多小自己所合組成的一大自己。在這種團體內，另具一種團體的精神，能使各個人出力謀全體的幸福，覺得既是爲公衆，也是爲自己，毫沒有什麼公私的界限。團體的精神一物，若卽若離，很難描寫，但真實有這種現象，確是毫無遺疑。例如一位學生，初進學校的時候，覺得一切生疎，處處與自己的性情習慣等不合，但過了一二個學期，漸漸不知不覺把學校全體的意見感情，做他自己的意見感情，直等到後來他的行動舉止都好像蓋了他那個學校的圖章一般，可使社會上都知道他是從那一種學校出身的。這種學校的圖章，又可稱爲學風，學風的好壞，影響及全體學生的道德智識，故是在教育上極可注意的。

若要在學校內養成合羣的觀念，須依合以下四大條件：(一)學校的全體各份子，時時有自由交際的機會，與校外各團體亦須多接觸的機會。因爲不論何種團體，須與他團體比較起來，方才明白自己的長短；(二)生徒的志趣理想感情等，同聲一致，含有純一的性質；(三)學校已經創辦多年，回顧起來，有一大段歷史，有許多光榮的記載，可做一般生徒的模範；(原來新設立的學校與創辦多年的學校比較起來，德育上最感困難，祇因爲沒有什麼共同的歷史，可以引起團體的精神。)(四)學校自編校歌，時時懸掛校旗，所有的生徒都穿同一的制服，或掛一種徽章，使容易與他校的生徒等區別。

第八章 注意

人生在世，無論主動被動，領受不知幾許經驗，兩眼所看見過的人物山水飛禽走獸，以及社會上各種動作，兩耳所聽見的聲音，或爲人類的各種言語，或爲喜怒哀樂的表示，或爲颶風巨浪，或爲蟬鳴樹頂，千頭萬緒，真是無從說起。我們的心靈，固然極是敏捷，能與不論何種環境作合，但若將所受過的經驗，不分種類，不加淘汰，完全一樣看待，勢必至於應接不暇。縱使都來得及應接了，那胡亂一大堆的聲音顏色，也可有什麼用處呢？這樣說來，不論何人，須將他個人的一切經驗組織起來，所有的各種感覺，須全看與他個人的關係，依合他個人的志趣，分別出大小輕重來，這個淘汰經驗的能力，便稱爲注意。注意與興味，有連帶的關係，凡我們看得有興味的，便去注意；凡我們所自由注意的，一定便是我們看得有些興味的。但若一定要將這兩個名詞辯別清楚，興味可作爲注意一方面的感情，他的特別作用，爲使注意能專心對付一事或一物，免得游移不定。但照這樣解釋，興味須分兩種：一爲適意的；一爲不適意的。若是適意的，我們便自願注意，若是不適意的，我們的注意，便含些强迫的性質。

若要爲注意下個定義，可說注意是一種心靈的動作，能從同一時候，可能想念或感覺的幾件事物中選擇出一件，任他佔據意識界的中心點，專求他的性質形式等能辨別清楚，沒有什麼重大的遺漏。注意的唯一目的，爲使糊塗的事物，清楚起來；或將經驗中過去的各分子，放在心靈的中心。故注意的動作，全靠有選擇的能力，如有些事物，故意暫時不去理會他，有些意念，故意勉力遏制，使他與現時注意的目的物，不相衝突，都是選擇的意思。

注意的目的物，固是在心靈的中心點，所有與那目的物有時間或空間的關係的，（如專看一朵花的時候的枝葉，或如專聽一個人講話時候門外的車聲）都佔那中心點的四圍。大概說起來，所注意的事物愈多，所得的印象愈加模糊不清，若同一時刻要注意及幾種絕對不同的感覺。如讀書與聽琴，必至兩不相容，毫沒有滿意的結果，但所注意的事物，若本來互相連結成一複雜的單位，便沒有這種難處。但無論如何，若求注意發生最大的效力，同一時刻只好有一個意念，或一種感覺，除非所注意的東西，早已成爲習慣，如一個手工嫻熟的女人，手裏做針線生活，口中還能與人談天。

注意的度限，大概須看三種情形：(一)同一時刻所注意的事物的多少；(二)神經的精神充足否，若疲倦了，便不能勝任；(三)對於所注意的事物有多少興味，但除去這幾種情形之外，關於注意的能力，個性的差別極大。現代的實驗教育學，檢查讀書寫字等動作所得的結果，爲注意力的範圍，人人不同，但大概可分爲兩種：一種是廣闊的，同一時刻可以注意及好幾件事物；一種是精微的，一個時刻只可注意及一二件事物，但對於那件事物，是用全副精神專心視察的。照密英司脫槃格 Nünsterberg 的意見，一個人所就的職業，須看他的注意力的種類，如每一工廠裏邊有極精細的螺螄釘，也有極笨重的大機器，都須僱用工人去看管，他們的注意力，有些須是廣闊的，有些須是精徵的，各有相當的用處，也顯然可見了。

依極姆斯 William James 的意見，注意有三種分類的方法：（一）看目的物的性質，若是可以直接感覺的，便發生感覺的注意；若只能想像，便發生智力的注意；（二）看興味的性質，若對於所注意的事物，有直接的興味，便是直接的注意，若並沒有直接的興味，不過爲獲取他種事物的方法，便是轉成的注意；（三）看本人注意時的態度，若本人是被動的，便是强迫的注意，若是主動的，便自是擇的注意。

在學校裏邊，强迫的注意，固是授課時候所少不了的，但總須設法引起兒童的興味，使他們能稍得教師的指導，便自己去獨立研究學問，到了這個時候，注意便變成爲自擇的進步也一定比前快咧。又教師最後應該達到的目的，爲一面減少間接的興味，一面引起直接的興味。間接的興味，如分數獎賞等現在各處學校都利用爲鼓勵學生讀書的方法道德上如何，姑且勿論便單講智育，這樣得來的智識，囫圇吞嚥，不能消化，無怪考試一過，便忘却大半。縱使完全牢記不忘了，由我們看去，也不好算眞正的智識。（這個理由且待下文第十四章內講明）故各種間接的興味，實際上現在雖還不能完全廢止但他在教育上實在的價値，總不應該過分重視。

自擇的注意，每一次只好歷幾秒鐘的時候，常常時起時落，好像大海中的波浪，從沒有支持得十分長久的。有時候一個人專心觀察一件東西，或考慮一件事，他一定覺得必須刻刻重新出力提醒他的注意，否則必致昏然要睡，或另想他種意念，不能繼續進行。故教師授課的時候若要使生徒的注意持續不減，須設法時時變換教法如忽而口講，口講的聲音，忽而提高，忽而抑低，忽而在黑板上寫字，忽而與生徒一同讀書等。此外更須設法時時變換教材。凡演講不論那個題目，須把他的各方面按次教授，既有俾於學問的充足，又可提醒生徒的注意。學問愈充足，注意的能力也愈加可以持久。因爲學問缺乏的人，每遇到一件事或一件東西，只能從一方面觀察，其餘所有的各方面都是夢想不到，照這種情形，即注意了片刻，已覺十分勉强了，怎麽還能持久呢？

第九章　記憶力

記憶的定義，即是將知覺意念留存起來，無論暫時或永久，使他們變成意識界的一部分，但究竟已否留存好，我們只能於追想已往的經驗的時候試驗得出。凡已經記憶的意念，重新回來，好像舊友重逢，覺得有一種相熟的感情。這個記憶的定義，在近代的心理學上，經過兩大變遷：（一）早先記憶的意義，切實以心靈的現象爲限，但一到近代，有些學者，曾把他推廣到物質世界，如一八六〇年德國的海令Hering曾說：『記憶力是有機物質所公有的本性；』（二）早先以爲凡記憶牢的意念回想起來，正與當初的知覺一般無二，猶一張照相，將真正的景物描寫盡致。近代的心理學家，方查明記憶力最喜說謊，並沒有這樣老實，這是因爲兩個原因：（一）凡所記憶的意念，總是零星雜碎的，有許多知覺中原有的分子，早已忘却了；（二）意念的連結，本是不由自制的，所記憶的意念，隨本人的經驗，刻刻變遷，但本人固還沒有知覺。

意念的連結與復呈，兩個名詞須區別清楚。意念的連念，可定義爲『許多意念本爲同一時刻的知覺，或立刻連續的知覺，或者他們的性質中本是有互相連結的能力，便一同深印於意識上，成一種意念的團體。這個團體中不論那一個單位活動起來，便使全體一同活動起來。』復呈的意義，爲意念在意識中重新實現起來。

現在我們可假定不論何種知覺或意念每經驗過一次，多留一個痕跡，這痕跡愈深，意念復活的傾向也一定愈顯著。

記憶力的訓練可得三大結果：(一)所學習的材料，深印在意識界中，以後追想起來，可以復活；(二)除去所得的智識外，記憶力自己也得進步，每牢記一次，記憶力也多一回的習練；(三)注意與意志等，也得間接受一番訓練。

據德國心理學家莫愛門 Meumann 等意見，普通記憶力竟是沒有的，所有的記憶力，分析起來，却是許多特別記憶力。普通記憶力一個名詞的根原有兩個：(一)所記憶的意念雖各不同，但每記憶一次，心靈所得的練習，發生同樣的效果；(二)若訓練一種特別記憶力，所得的益處，並不限於那種特別記憶力，凡與他有相似的性質的各種特別記憶力，也得他的益處。但這種普通記憶力的觀念，極應該廢除了，用一個有兩層意思的觀念，去代替他，這兩層意思便是：(一)不論何種記憶力的訓練，除獲得智識外，確能使記憶的動作中所含的各分子，一同受一番訓練；(二)凡各種互相有關係的特別記憶力，對於不論那一個訓練所得的結果，確有利益均沾的情形。

記憶力的根基，在於意念的連結，講到這種連結的定例，在現代的心理學上，也曾經過一番的變遷。早先的心理學，假定不論何種記憶的動作，都可依照意念的連結的定例解釋。這種定例，還是亞利史多德所提倡的，後來英國的哲學家黑歐姆 Hume 又據亞氏的理論研究一番，改訂四條定例，爲舊時心理學家所承認的，(一)兩個意念，在時間或空間上連接一氣或相近的；(二)有些想像的地方的；(三)互相不同，恰成爲一反比的；(四)有因果的關係的。

第四條因果的定例，本來可包括在第一條定例內，現在看去，徒然多一名目，第三條對比的定例，因爲想像的意念，總一定有些不同的地方，或甚至於相反，故只好算是第三條例定的特別現象，第三條想像的定例，因為相像的意念所以相像，一定因為他們都含些共同的分子。這種分子連結起來，好像一座橋能使意識從一方面的意念，渡河到那方面的意念。故這條定例，可稱簡直與第一條定例，沒有什麼大分別。說到天亮，只有一條相近的定例，為現代學者所公認，但細看起來，即這一條定例，也與事實不盡相合，這是因為意識界中每同一時候所有的意念，未必一定連結起來。

現代的實驗教育心理學查明意念的連結及復呈，須依以下的條件：（甲）關於時間，——一、不論何種心靈的動作，至少須在意識界本居留一最短期的時間；二、不論何種心靈的動作，須在意識界中出現幾回；三、各種印象或意念，凡合拍子復現出來的，總較容易記憶，這便是詩文比散文容易背誦的緣故。（乙）注意的方向，凡注意所在的地方，那一方面的意念，便增加團結的能力，但注意切不可過度，否則反而遏止意念的連結。(丙)學習時候的感情的狀況，與身體的感覺，凡牽涉及感情的事件，不但容易記憶且亦記得詳細些興味在智育上卽具這種感情上的作用。

至於復呈，既然是一半靠意念的連結，也須合上節所開的條件，但復呈並不是像舊時心理學所說全靠意念的連結，却一半是靠現時意識界的狀況。這個語句，包括本人大概的狀況，精神疲倦或充足，心神暢快或抑鬱，感情近於快樂或悲哀，都須查明，此外所有的意念與印象，凡與意念的連結、沒有關係的也不可遺漏。有些意念，好像是「自由」的，與意識界中原有的意念，似乎毫沒有關係，亂闖入內。又有些意念，好像記憶太牢，非但不能忘却，且違背本人的意主，强佔意識界，本人雖以爲苦，亦沒法驅除他。甚至像法國理波氏 Ribot 所記的「定念」Idée fixe 他說有一位少年的意識界中，晝夜不絕，只有鈔票一個意念，他千方百計要想驅逐了他，容納別種意念，總歸無效。這種現象在記憶的心理學上，都另成問題但我們刻下無暇討論，只好提醒讀者諸君的注意。

有了記憶，又有忘却，大家都知道的，但有些人還沒有明白忘却是必須的，上章第一節曾說經驗有選擇的必要，忘却與注意，都是選擇的方法。因爲若一個人所有的經驗都牢記不忘，他的意識界，必致紛亂雜沓，毫無統系，每欲思想的時候，不管合用與不合用的意念，一同擠入，豈不受累麼？普通說起來，忘却固然也有極大的用處，但在教育上看去，一般教師所教授的課程，都是生徒所必須具的智識，不怕他們不忘記，正是只怕他們忘却了，故忘却的心理還須說明。

教育心理學，現在從實驗中查明學習過後最初的時候，忘記的速率最高，漸漸愈趨愈低。凡意念的級數短的比長的忘却得快些，故詩文的節段長的反比短的容易學習。完全忘却，實是不常見的現象，縱使有的，也須經過極長久的時期，從沒有復呈過。有時候一個意念，看似忘卻，實則不過潛伏在無意識界中，自己雖薄弱不堪，沒有力氣回到意識界去，但偶然或因意念的連結，竟能捲土重來，也未可知。據奧國心理學家弗老合特 Freud 的意見，我們的忘卻，至少大一半是別有用意的，如大概不快活的意念，因爲本心厭恨，便不去記憶了。例如達爾文 Darwin 自進化論出現後，凡附和他的議論，容易記憶，遇到攻擊他的理論，過耳便忘，直弄到迫得他每見人家的批評，便隨手筆記下來。

上節已經說明忘卻的用處，從此可見好記憶力並不是完全不會忘卻的，若覆檢查一個人記憶力的好壞，須依合以下的標準，（一）學習得快，（二）不必溫習，許久時候不忘（三）復呈起來不但敏捷，且亦確切，（四）能斟酌情形，只召回合用的意念，凡不合用的，不去理他。

第十章 思想

思想的進行，好像依合以下的次序：(一)心靈覺得有一個問題發生了出來，等候解決；(二)注意及經驗中的一部份，凡與那個問題，好像有些關係的，都合併在那部份內；(三)自然而然發生出新的意念來，指示解決的方法，有些合用的，也有些並不合用的；(四)這種意念，加以一番淘汰，合用的便被選擇，不合用的便被擯斥；(五)所賸的意念連結成一種統系，遵守一定的次序，使實行的時候，可一步一步的照樣做去。

這樣說來思想的能力，全靠智識的充足，不論何種問題的解決，全靠合用的意念有多少與有何種組織，故斷不能用抽象的方法去訓練的。舊時的心理學，對於思想的理論，極與事實不合，現在應該修正。從前的心理學家以為思想真是合論理學的定例，這種論點純是單從成人的心靈着想，在教育上更加貽害無窮。試想他們先將論理的三段法論分析起來，看見這種理論，乃是幾層切實互相關係的意念連結一氣。不知道這是幾位思想專家所應用的方法，至於尋常一般世人的思想，斷乎不能用三段法論去分析清楚的，也不能照什麼理想上完美的進行次第去批評的。向來教育的方法，爲將思想完善的結果做一般兒童的模範，也便是這種心理學的禍害。我們現在須知若單從分析思想完善的結果入手，無論如何，總不能尋獲適當的方法，若要達到這個目的，須先分析思想的時候，實在是遵循何種方法。

據彌爾歐 I. E. Miller 的主張，在教育上關於思想的訓練，應遵守以下五大原則：

(一)教師須設法使生徒直接領受些實在的經驗，充作思想的原料，這是因爲思想的時候，須用抽象的意象。但這種意象，若設法去隨時譯成具體的意象，便是毫無意義。況且無論如何，思想的起點，必在於具體的意像，進行的時候，又不能不完全抽象，不與實際接觸。原來實驗室的用處，卽在於能使生徒直接與教師所口講的東西，親身接觸，更從這種經驗中，獲得許多具體的意象，爲理論的根基。又現在一般學校多舉行遠足或採用影片，以補助口講，都應將這個目的放在面前。(二)具體的經驗，切不可祇從一個覺官領受，現代的心理學早已查明意象的種類，人各不同，有些是視覺的，有些是聽覺的或觸覺的，故授課的時候，須設法使耳目手等四肢五官都得活動，最好能看所習科目的性質，於口講之外，以圖畫或手工等作爲補助。(三)抽象的意象，譯成具體的意象一事，也須設法練習。因爲在社會學或經濟學或倫理學上，或實際的生活中，有許多問題，若沒有明白他們實際上的意義，不但沒法解決，且亦無從領悟。大凡將學理上的問題，譯成具體的事實起來，最敏捷的人，也使是理論得最精明的人，況且抽象的意象一經這樣翻譯過，自己也較前靈巧些，更能確合思想的實用。(四)一方面須設法將抽象的意象，譯成具體的意象；一方面却更須設法，將具體的意象，譯成抽象的意象，使他有個歸來。這是因爲具體的意象的用處，在於能使抽象的意象精密豐富，故須設法使一般生徒能實用抽象的意象。(五)教育的進行，最忌玩弄幾個符號。原來學問的價值在於領悟意義，若單顧符號，不顧他的意義，從心理一方面看去，簡直不成什麼符號。若用這種教法，必使生徒興味全無，爲害極大，故單求記憶的教育，因爲偏重幾個符號，確是毫無價值的。

第十一章 統覺

赫巴脫 (Herbart) 的學說，本書第五章內，已經約略說及，現在更須詳細討論。據這位學者的意見，各種感覺在意識界中所留的痕跡，稱爲觀念或意念。這種觀念，互相連結起來，組織成一個『思想的圓圈』。沿這個圓圈，從不論何點，應該可以隨意周游；但倘有阻礙不通的地方，各種觀念便互相隔膜，不能連結。一個人的意主動作，都由意識界中所有的觀念決定，故若他的觀念互相隔離，不能連合，便也沒有一定的意志，思想慾望，時起時落，變幻不定，斷不能養成什麼强固的品性，因爲這個緣故，『思想的圓圈』須完全鞏固沒有破裂的地方；否則，斷沒有力量去戰勝環境中的障礙，吸收與自己有益的新份子。

各種觀念互相接觸，可發生三種關係：(一)同樣的。如我今日看見一朵菊花，明日又看見一朵，恰是相像的，這種觀念連結一氣，合作成一個明晰的觀念；但除去這個作用外，並沒有什麼新的加入。(二)不同的。如甜味與白色兩個觀念，因爲完全不同，不能融合起來，至多只能互相聯絡，增加一件事物的意義。如形容一塊糖，可以說他又是甜又是白。(三)相像的。這種觀念，包括不同的與相同的兩種，如一個人先看見一張正方的桌子，後來又看一張長方的桌子，這兩個知覺中相同的觀念，如四足平面等，互相連結，因此十分清晰，得佔據意識界的中心。但相異的觀念，如正方與長方的形狀等，因爲互爭明晰的地位，以致兩不相容。照這種情形看去，各種觀念在意識界中，時升時降，運動不息。切實說來，每一時刻，只有一個觀念，可以佔據意識界的中心，其餘的觀念都在意識界的外邊，或正在上升，或正在下降，從沒有停止動作的時候，故赫氏曾說：『人類的心靈，常常是活動的。』

統覺的影響，便是把新舊兩項觀念的性質，同時變換，有時候新觀念的改造，全看舊觀念的性質。例如自從古波民克司（Copernicus）發現地球是一圓體繞太陽旋轉以來，我們現在用尋常的眼睛看去，覺得地球仍是一個平面的物體；但我們總寧可不信我們尋常的視覺，也以爲地球是圓的，這是新的觀念（我們自己的視覺）被舊的（古氏的學說）改造。又例如早先歐洲人開闢美洲的時候，西印度人從沒有看見過馬，故他們第一回遇見歐洲人騎在馬背上，便以爲馬與人是天生成的一種怪物，獸身人面，不能分開的。後來有一個騎馬的白種人，被土人殺死了，翻身落馬，方才知道馬是馬，人是人，各不相涉的，這便是舊的（獸身人面的怪物)觀念被新的(從馬背上落下來的白人)改造。統覺的定義爲兩個或兩組相像的觀念互相影響,一方面被他方面改造,最後兩方面混合一氣,變成一個新的觀念。這樣理論起來不論何種知覺,一經與心靈中原有的意念接觸,便發生統覺的結果,但實際上往往沒有這樣容易。這是因爲知覺的時候,新觀念與舊觀念的中間缺乏連接的鏈節,或所有的鏈節過分弱小,沒有使他們連結的力量。這樣看來,上文所說的『觀念的圓圈』愈堅固,愈擴大,統覺的能力,也自然愈加增長。這個原理在教育上,有二大作用:(一)教師須查探生徒的心靈中,已有何種觀念,已具何種知識;(二)凡教授新課的時候,須設法提醒他們原有的觀念,與那新觀念可有什麼關係,能使他們得融會貫通的益處。

統覺論的特點,在消極一方面爲破除能力心理學的迷信,如每一個科目,有特別訓練一種能力的妄誕;在積極一方面爲主張教授須遵循一定的方法,所用的教材，更須特別注意，分類選擇，不可隨口演講，敷衍了事。故自從統覺論出現以來，教授法與教材兩個問題，大受一般教育家的注意。現在我們都應知道新的教材，須與兒童原有的觀念有連結的希望，因爲智識一物，並不單是一大堆的事實，偶然互相有些關係，却也成一個統系，內中有一定的組織，教授的目的，便是在生徒的心靈中造成許多觀念的統系互相聯絡，結成一個堅實的團體，爲增加新知識的準備。

統覺論的大缺點，在於將教育的精華，反而完全忘却。原來凡有生命的動物，總有他一己的個性，假使心靈的內容，最重要的不過是幾個觀念的統系，那幾個統系的組織與動作，仍須聽候個性的指揮，才能確定。故極姆斯(James)曾說：「統覺的式樣，恰好與個人的心靈對於所領受的經驗，可能如何反動的方法一樣多少。」由我們看去，統覺本來可分主動的與被動的兩種，在教育上說來，被動的統覺，不成爲什麼智識，故所重要的爲主動的統覺，所謂主動，便是個性的活動。教育的主要目的，在於發展這個性，使一個人能隨時隨地斟酌環境的情形，與他互相作合，倘遇到意外的難處，更能獨出心裁，決定對付的方法。這個要點，便是教育的精華，竟被赫氏忽略過去，我們不可不注意的。

第十二章 想像力的發達

凡內界的思想意念，依照事實上的情形，甘受外界的束縛，便稱爲信仰。想像與信仰大不同的地方，在於所指的事物，全係心靈所創造，與真實的世界、沒有關係。因爲這個緣故，相像的範圍，比信仰的範圍大得不知幾許。想像起來，不管外界的事物究竟是怎麼樣，或將變成怎麼樣，只管我喜歡他們怎麼樣，這種動作的表示，最高等的便是文學中的傑作，如詩歌詞曲等。這樣說來，想像似乎完全自由，但也有一些拘束，因爲每一段想像的意念，開場的時候，總須假定某種情形，某項事物，以後的發展，無論如何，須與那早先假定的觀念吻合。如第一步所假定的爲住在花心裏的仙女，斷不能在同一的時候，又設想他們是棲在樹頂的惡魔，否則必致自相矛盾，連想像也不成了。

想像力的發達，可分爲四個時期：(一)第一個襁褓時代，從產生的時候，到兩三歲爲止。(二)第二個襁褓時代，從三歲到六七歲爲止。(三)幼年時代，從六七歲到十二三歲爲止。(四)壯年時代，從十二三歲直到成丁的時候。現在研究這個發達的次序，我們所採用的標準，爲管束的加增；至於這個語句的意義，只須看下文便能明白。

第一個襁褓時代，可稱爲萬事的初步。一個小孩子，先須學習身體的運動，使全體的主要肌肉，都受他的管束，如走路說話等動作，漸漸摹仿成人起來，外界的物件中，凡可以充作反動的中心點的，便能引起他的興味。因爲那種物件，或可推來推去，或可丟到地上，都可充他練習運動的資料。總之，在這個時期內，他所喜歡的，只是隨意動作，並沒有什麼一定的目的；他的遊戲，注重體力，並不注重智力，只要他的肌肉得隨意運動，不受外界的束縛，便覺得十分快樂。

第一個、襁褓時代，本是專求身體的管束，故想像的萌芽，須等到第二個襁褓時代，方才發生起來。這種萌芽，大概在游戲中表示，早先的游戲，不過是體力的發展，現在的游戲，外界的事物與身體的運動，都變爲次要，所注重的在於心靈中的意像。如一張極平常的椅子，從前把他推來推去，只爲肌肉的運動，但一到現便變爲一部汽車，或一輛人力車。這樣說來，意像與游戲，確有極密切的關係。一是刺激，一是反動；一內一外，爲同一的動作的兩方面觀。若缺少了意像，所有的運動，便忽現忽逝，不能持久。若缺少了運動，所有的意像，因爲缺乏實驗，便難免混雜含糊，極不明瞭。意像的作用，便是能使一個小孩子，擴大他的管束的範圍。現在的運動，靠記憶與想像的助力，得與過去與未來的動作，互相連絡，共同進行，不像從前的孤立。在想像的游戲中，天上地下，不論什麼東西，都歸心靈節制，尋常的各種限制，無論關於時間或空間，都失去效力。故不論何種奇禽異獸，不論何處的名山大川，只要想像起來，沒有一個不能成爲心理上的事實。在這個時期內，兒童所最喜歡的，便是關於天然界的神話。這是因爲天然界中，有許多事物，如太陽的出沒，月亮的忽滿忽缺，風雨的時來時去，由年輕的兒童看去，極是奇怪不可思議，常爲想像的阻礙。神話的作用，便是解釋這種現象，塡補想像中的缺點，使心靈能完全自由動作。這樣說來，想像確能促進經驗的一致，使各項單獨的意念，結成有組織的統系。這種統系，無論在事實上爲荒謬絕倫，總是思想發達的初步，在教育上極佔重要的地位。但無論如何，在這個時期內，智力還沒有發展，故游戲缺乏組織，純是心靈中的現象，與外界的事物，難得區別清楚。這是因爲經驗還不充足，五官的感覺與想像的動作，看得好像是一樣的，目的與方法的區別，不過約略覺得好像有的。故不成爲什麼明晰的觀念，遇到了一個問題，也不明白他的性質，更沒有力量去詳細思慮，想出一個解決的方法來。這種現象的原因，都在於想像力的缺乏，因爲我們上文已經說過，想像力爲思想發達所必不可少的初步，故想像力不發達，思想也一定薄弱。

一到幼年時代，一個小孩已能管束他的細微的肌肉，故對於各項事物的反動，不但能增加種類，且能區別目的與方法。從這種複雜的反動中，有些動作看得是主要的，有些看得是次要的。這個主要次要的分別，一經發生以後，現在的運動，自然不像早先的一律注重；預料事物的能力，也便增長了。故幼年時代，可稱爲思想發達的時代。在教育上訓練的要訣，便是使兒童預定目的，再設法指示如何達到他的計劃。這種計劃，須按照現在的實在情形，又須與那預定的目的，顯然有切實的關係，使兒童能領悟某種原因，可發生某種結果。這個因果的關係，既經明白了，萬事依合原理的觀念，也便逐漸發生起來。

在壯年時代內，身體上又經過一番改造，有些能力，從前不過潛伏的，一到這個時期，都實現起來。舊時原有的各種本能上的傾向，也經過一番淘汰，有些大加發達，有些特別遏制。照這種情形，一個將近成丁的少年人，必定增加了許多新問題。從前學過的各種肌肉的管束，一到現在，身材氣力大加增長的時候，都覺得不合應用，更須從新練習一番。在同一的時候，男女的本能，漸漸成熟起來。這個本能，不但是牽涉個人的身體，且與社會一方面極有關係。因爲受了他的影響，一個小孩子從小依賴父母的，一到壯年時代，覺得有自立的必要，與社會上接觸的機會，也一天多似一天。一個壯年的人，處於這種新的環境，遇到不論何事，自然覺得必須用心思慮，想出一個對付的方法。思慮愈多，理論愈加發達，抽象的觀念與原理，也愈能領悟。大凡從想像的初步發展到理論的頂點，總須經過以上所述的各種情形。

除去思想的發達外，想像在教育上還有一個極大的作用；這便是許多已往的事實，或間接的經驗，全靠想像的助力，可使一般兒童覺得親切有味，像自己直接經驗過的一樣。否則在學校裏邊所教授的課程，如歷史地理等，必致乾枯無味，强記幾個人名地名罷了，成什麽智識呢？

第十三章　概念

單就尋常的生活說，一個兒童每日必與許多事物接觸，那許多事物中，有些因爲能使他的衝動滿意，他便特別注意，記憶不忘，預備日後再與他們往來。在他的有限的環中，有些東西這樣凸出來，看得確比別的東西爲重要些，以後一看見這種東西，他便預期某種經驗，頃刻之間，果然領受那種經驗，不出他所料。早先的反動，完全是刺激的，對於各種事物，毫沒有什麽區別。一到現在，便漸漸變爲有選擇的動作。有些東西，依舊引起他的反動，別的東西，看得與他沒有關係，便再也不去理會。從這種動作中，各種事物的概念便發生起來。

概念的意義，便是對於一個人或一件東西，知道他含什麼性質，如何能供應我們的需要，能使我們滿意。利用了這種智識，以後一見那個人或那件東西，便可預期某種經驗，用相當的方法對付。屢次這樣，從不更變，直等到一種確定的意義，附著單獨的物件，或一類東西中不論那一件。這樣看來，概念有兩大作用：（一）指示意義；（二）管束各種反動。這是因爲概念是一種意像，撮取經驗的精華，關於單個的物件，或一類東西中不論那一件，爲代表各種意義的符號。若一個概念只限於一個人或一件東西，便稱爲單個的概念，若適用於一類東西的全體，便稱爲普通的概念。但這個區別，只經少數的學者承認，故現在我們也依通常的慣例，假定概念都是普通的。

普通的概念，爲人生在世一日不可少的。因爲我們所有的經驗，本是十分複雜，若不將各項事物分門別類，力求實際上的簡單，勢必至環境中每一個人每一件東西，絕對另成一新問題；已往的經驗，無論如何充足，亦無濟於事，豈不將感受極大的困難麼？原來有許多肌肉的運動，早先用心學成，後來變成習慣，在心靈一方面，概念也有習慣的作用，因爲得了他的助力，我們便能從極紛繁的千萬事物中，尋出一個統系來，可使我們井井有條，遇到不論何種地位，總有對付的方法。除去這樣直接指示相當的動作之外，概念又可稱爲思想的工具。

據杜威博士說，一個概念，能做一條定例或原則的符號，能指示一種方法，使我們採用了他，能從已往的經驗中，尋出材料來，構造成各種應用的意象意念，扶助思想的進行。只有這樣辦法，才可省得經驗全部的紛繁，不必記憶所有一切已往的事實，便能知道關於現在所考慮的問題，什麼份子確是合用的。如正方的概念，一經領悟，便可隨意構造不知幾千萬個正方的意象，可算是概念代表定例的明證。關於不論何種事物意義的充足與否，全靠經驗的多少。兒童的經驗總是有限的，故最初的時候，各項事物的意義，總是模糊不清，須等經驗漸漸擴大起來，才能變成確切明瞭。例如一個小孩子，因爲缺乏經驗，對於一般成丁的男人，沒有什麼辨別的能力，都一樣看待。但後來直接從經驗中查明只有一個成丁的男人，常常爲某種經驗的原因，他便從許多成丁的男人中，獨揀出這一個人，叫他父親，從此以後，待遇他便與別人不同。這個小孩後來又看見別的小孩，也常常從別個成丁的男人處領受某種經驗，恰巧與他自己的父親給他的經驗相像。推想起來，他便知道那些成丁的男人，便是別的小孩的父親。到了這個地步，父親的意念，在這小孩的心理上，已經發生一種普通的意義。遇到不論何種相當的地位，都可合用。在同一的時候，他自己的父親的意念，也愈加淸楚，愈加確切。他明白別的男人，都是父親；但也都是別個小孩的父親，況且比較起來，他自己的父親，確與別個小孩的父親有些不同的地方。故父親的概念，照這樣一面分析一面總合，漸漸增長充滿起來。

這個分析總合，互相更迭的方法，爲不論何種概念發達的次序。譬如一個小孩子素來知道馬是怎麽樣的動物，現在第一回看見一隻牛，覺得十分奇異，他便想到馬的意義與那新來的動物，互相比較，先注意及他們相同的各點，如有四足全身生毛等，他便以爲牛不過是一種馬；但後來他又遇見幾隻牛，細細看去，覺得比他素來熟悉的馬大得許多，況且頭上生角，顯然與馬不同，只好當他爲一種特別的大馬。一到這個總合的時期，實際上一個新概念已經生產出來，在同一的時候，馬的概念，自從受了這一番經驗，也比從前更加確切，較爲適合實用。

概念從來沒有固執不變的，這是因爲如上節所說的概念的發達，全靠經驗的進行；經驗既然是隨時變換的，概念自然也不得不受他的影響。概念的改造，便是智識的進步，故若環境狹窄，以致一切經驗，不但極是有限，且多重複，所有的概念勢必致變成殭石一般，永沒有改造的希望，豈不可怕！

概念可分爲二種：（一）心理的；（二）論理的。心理的概念，是從尋常的經驗中不加思慮，自然而然學習得來的。因爲這個緣故，所包含的意義，也從沒有在意識界中分析清楚。

這個兩種概念，互相比較起來，論理的概念，總是確切些。凡遇到不論何種意外的困難，總是適用些。一般兒童所有的概念，大多數是心理的；成人兼用兩種；受教育的人多用論理的，少用心理的概念；沒有受過教育的人，剛剛相反。至於心理的概念，改造成論理的概念的原因，總是爲實際上有些困難，使我們詳細考求，自問所用的概念，究竟是否與眞理吻合。

在實際的生活中,我們所遇見的各項問題,純是指單個的與特別的事物,所有紛煩的情形,眞是不可思議。概念的作用在於能使許多同類的個物歸併在一處,使許多意義,附著一個名詞,成一意義的團體。我們只須想到那個名詞,便有許多意義、互相連結在意識界中活動起來,使我們的心靈能斟酌情形,採用適當的意義,扶助思想的進行。宛如一個旋轉的書架子,凡關於某科的目書籍都藏在那裏;若要參考那項書籍,只須尋著那個書架。最先單看見許多同類的書籍、聚集在一處,但只消把那架子旋轉過來,便可尋獲與等待解決的問題直接有關係的書。意義的有概念,恰與書籍的有書架一樣,故概念爲思想應用的器具,猶書架爲讀書人應用的家具。

上文所討論的各端,在教育上發生三大原理:(一)教育切不可單求供給思想應用的器具,爲止因爲那各種器具的用法,都須特別練習,才能熟悉;否則單有器具,不知道他的用法，簡直與手無寸鐵，沒有什麼分別。總之關於不論那種概念，須知實用與理論並重。(二)在學校裏邊，最忌將思想完善的概念，囫圇教授與兒童；因爲教授概念須依一定不易的次序，最先須使生徒自己從許多浮泛的意念中，構造成粗合應用的概念；然後再設法使他明白那種概念有什麼缺點，應該如何改良修正。這個改造的進行，也不宜完全由外界指示，最好能使兒童鑒於實際上的困難，自覺有改造的必要。(三)教育的初步，爲增加心理學的概念，如旅行鄉野參觀動物園博物院等，使一般生徒直接與天然界接觸，都有這個作用。

第十四章　智識的性質及研究的方法

歐洲古代的教育，受煩瑣哲學的影響，單重理論的形式，不求實在的智識。故那時候各項學術，都合論理學的定例組織起來，演成虛名論實物論等許多毫無意味的辯論，本來都是從宗教信仰中發源，我們也不必細說。現在只須明白煩瑣哲學最大的短處，便是偏重演繹的論理，遇到不論何種事物，不管他實際上怎麽，只求他與論理的定例吻合，便含糊斷案。故依這種方法所得的智識，在理學上雖具許多極精微的區別，與實際上的情形，總是十分隔膜，故不切實用。

等到十七世紀的時候，科學初興，將天然界的現象，次第研究起來，已有許多發明的地方。有些教育家如康米尼史 Comeuins 等受了這種影響，深信人類的智識，全從感覺中來，極力主張五官的功用，須特別訓練外，又好像預料到十八世紀盧騷出世一般，說教育的進行，應當依合天然的教育的原理，不出天然的範圍。早先的教育本來偏重文學，自從這種學說出現後，除去文學之外，各種自然科學，雖還沒有發達；但主張訓練感覺的教育家，却已在這一方面，有重要的表示。例如他們曾說教育上進行的次序，第一步在於領悟實物，第二步方才及到代表那個實物的名詞。這條原理，我們現在看得雖極平常；但在三百年前，確是把那時候通行的教育方法，大加革新。

與訓練感覺有極密切的關係的，便是倍根 Bacon 所提倡的歸納法。這種推想的方法，與古代相傳下來的演繹法，剛巧相反，因爲歸納法是從單個的事件，推想到普通的原理，演繹法恰巧是從普通的原理，類推到各項單個的事件。若照舊法，不論研究何種學問，把一個起點，看得如公理一般，以後所發見的事實，都被他束縛住，不能自由發展。現在採用了歸納法，儘可自由觀察許多單個的事件，從觀察所得的結果中推想出一條普通的原理來。故這個方法一經發明後，自然科學的進步，既是一日千里，五官感覺的訓練，也愈加覺得重要了。

與智識全從知覺中來的論點成一對比的，便是唯理論。這派哲學家聲言超越於人類實際的經驗之上，另有一種理性，爲智識的標準；若人人都依他作事，所有的一切動作，毫不混亂，可呈一致的現象。這種理想的功勞，如破除世俗的迷信，改革惡劣的風俗習慣等，固然很是不小；但因爲看得理性有超越的性質，與所討論的事實，總沒有甚麼大關係。況且人類的本能感情與習慣的作用，都被他完全忽略過去，除去空言理論之外，不能指示甚麼實在的辦法，也是一個極大的缺點。唯覺論與唯理論根本上的區別，在於一方面專門注重單個的事實，一方面專門注重普通的各種關係。這兩種理論，同是偏見，與真正的知識不合。這是因爲智識的性質，包含事實與原理兩項，缺一不可。試想遇到不論何種問題，若想出一個解決的方法，須先明白他的底細，才好下手。這種底細，便是那個問題的成分，不外乎各種印象與感覺、都須從知覺中來的；但這樣觀察所得的消息，都不過是單個的事實，既沒有什麼一定的意義，也不成爲智識。故到了這個地步，還須借理性的助力，將所有的單個事件，研究一番，先看他們有什麼互相關係的地方，更看他們與既往的經驗，有什麼關係，可使我們設法去圓滿解決，可算是智識。這樣說來，智識的進行，既不是全仗感覺，也不是全仗理性，須由兩方面合作，方能發生良好的結果。

從上節的論調，讀者或已能推想智識的作用，凡徒讀死書所得的學問，與直接感覺所得的消息，在教育上的價值互相比較起來，已是大不相同。但用這個兩種方法所得的，都不過是尋常的認識，不成爲甚麼智識。這是因爲智識的作用，在於啓發知慧，使一般具智識的人，遇到不論何種問題，不但明白他的特別目的，且能想出達到那個目的的方法。這個用智慧解決各項問題的能力，便是智識。否則人類的心靈，將變成機械一般，平日依習慣做事，倘遇到意料不到的難處，只有束手無策，一籌莫展，還有什麼解決麼？故智識必須切合實用，若抽象的理論，於實在的經驗上，從沒有試驗過，並不好算是智識。這便是我們的論點與歐洲中古時代的煩瑣哲學不同的地方。

第十五章　教育上自由的觀念

盧騷的天然發達論，(參觀本書第三章) 注重個性，現代教育家中受這種學說的影響，能採擇他的真理，和平適中，不趨極端，固是不少；但最著名的當推蒙德梭利女士 Maria Montessori。蒙女士的教育方法，大旨雖是表示愛彌兒 Emile 的精神，但實施起來，確能矯正盧氏的偏見，早已成效卓著，是我們極可注意的。蒙氏根本上的原理，在於一面使一般兒童對於自己的教育負充分的責任，一面將外界的干涉減少到再不能減少的地步。故他的學校的特色，卽爲能使一個小孩子自己教授照他的年紀應具的各種智識才能。如感覺的區別，運動的敏捷，與讀書寫字計算的初步等都包括在內。照這個自學的方法，教師雖不廢去，但他的職務，不過是監察生徒，偶然遇到他們有疑難的地方，略爲指導罷了。其餘的時候，所有的生徒各自隨心所喜，各按自己的時間，選擇自己的功課，做他自己的評判人。受過這種教育的兒童，富於獨立創作的能力，具自治的精神與勤勉工作的習慣，與舊式學校的生徒比較起來高出不知好幾倍。英國現代的教育家寇敏史博士 Dr. Kimmins 曾經調查英國各處的蒙式學校，他的報告恰巧證明這幾句話。

蒙女士的新教育，本是專爲年紀最小的兒童着想；關於年紀較大的兒童，還有專爲學習自然科學而發明的育立史脫教授法 Heuristic Method。這個教授法，大旨亦是注重自由的原理，使一般學生儼然自處於發明家的地位，仗自己的力量，去研究各門科學，如化學物理學地質學等，須遇自己沒法解決的問題，才去請問教師。

以上所述的各節，都是專指教授法一方面，還有幾位教育家，採用自由的原理，去謀學校管理法的改良。如英國的倫氏 Homer Lane 採取美國的『佐治共和國』制度 George Junior Republic 創辦「小共和國」 Little Commonwealth 已經將近二十年也極見成效。最初開辦的時候，這個小『共和國』的國民，都是十四五歲的童犯，男女兼收，後來因爲他們大家都犯過罪，集合在一處，沒有好榜樣看見；又陸續招收幾個天真爛熳的兒童，以謀補救這個缺點，在這個『小共和國』內所有的紀律法規，都經國民全體自己訂定施行，關於不論何種動作，他們自己完全負責，不受外界的干涉。這是因爲倫氏深信童年犯罪的原因，不在於本性的頑劣，却在於有些本能上的傾向澎漲起來，未曾有個正當的出路，以致逼得犯罪的行爲上表示出來。故補救的唯一方法，只有利用那種傾向，移作合法的動作的原動力，故每見兒童有不正當的行爲，最忌不由分說橫加遏止。試看『小共和國』的教育，能使頑劣的兒童，變成勤勉的學生，與服從法律的小公民，足以證明倫氏的理論，確是很有見地的。

自由的教育，既有這樣改良行爲變化氣質的效果，若施之於尋常一般兒童，成效豈不更大?這種理想,果在英國辛潑遜 J. H. Simpson 氏所創辦的學校裏實現起來。辛氏的目的,爲使學校內通行的章程法規等表示全體學生共同的意志,關於該項規程的制定修正等手續,大家享有同等的權利,在同一的時候,大家須承認立法與服從法律,是人人應盡的責任,不能推諉的。故辛氏於每週間指定幾小時,使全體的學生得組織成一個「法庭,」由他們自己選舉委員,以互助的精神,實驗立法司法行政等各項職務。從他個人的經驗,我們可得兩種教訓:(一)純粹的學生自治與現代通行的分班制度,有扞格不相入的情勢,故舊式的班次,都應該改組;(二)凡生徒對於自己的教育所負的責任愈重,教育真正的價值愈加要使他們領悟。原來由外界强迫的功課,固然不必這樣,但若求學校內的一切動作,表示一般生徒自由的意主,便不得不提醒他們求學的必要。剛才曾說現代通行的分班制度,與自由的教育不合,這是因爲現在的學校通常將所有的學生分定班次，每一班作算一個單位，各生的程度志趣與進步的速率，都作算完全相同。故依照同一的課程表，固執不變，將各科目都教完了，就算大功告成。與這種野蠻手段相反的，便是蒙女士的教育方法，將單個的學生爲單位，除去有些組合的動作，爲保全一個學校團體的精神所必不可少的。並沒有預定的課程表，也不分什麼班次，有時候全體的學生齊集在一處，一同練習音樂，或比賽運動，或學習體操等。但其餘的時間所有的功課，都聽各生自由選擇，只要不出常軌，毫沒有什麼限制。在這種自由的學制下，有些人或以爲教師既然沒有什麼用處，倘可完全廢去，其實不知教師仍是必不可少的。原來蒙女士雖曾說教師不過是『一個視察的人』，但他的生徒，可以自由選擇的功課，仍須先經他評定爲正當的，沒有害處的，才能任他們自己進行。總之在蒙式學校裏邊，一個小孩，雖可隨心所喜，自由選擇，但他可以喜歡學習的東西，仍是有限制。故處於這種地位的教師，仍是主動的視察人，每遇到生徒有疑難的地方，仍須指導一切。

第十六章　自顧的感情統系

據格羅斯 Karl Groos 的意見，游戲是生活的準備（參觀第七章）；由我們看去，游戲也可稱爲『實驗的自己的構造』因爲從游戲的動作中，一個小孩子方得發展他天賦的能力，練習肌肉運動的管束，使他的各種本能與本能上的感情，得在具體的經驗上切實表示起來，組織成一個永久的統系。遇到不論何事有向前企圖的作用，這個統系便是個性的根基，一個人的自己的精華，能使他的思想感情動作一致進行，遵循一定的軌道，不易變動。所有的改變，不過是因爲受了動作的影響，更加固定切實，適合應用。

若將一個人的自己分析起來，最重要的成分，便是感情的統系。每個統系，附着一個特別的目的物，有固定不變的性質，主要的統系，當推戀愛與憎惡。這兩種感情的態度，包括許多單獨的感情，或起或落，或互相對調，全看本人與目的物的關係而定。如見所愛的人處在危險的地位，便覺得恐怖不安；後又見他平安無恙，便轉憂爲喜。若又見有人想要爭奪他去，便覺得妒忌或忿怒，一時的感情，雖大有改變，但愛情的態度總是固定不變。據英國心理學家向特 Shand 的意見，一個人的品性，便是這些感情的統系所構造成功的。

從感情一方面說去，教育的目的在於養成正當的戀愛與憎惡的習慣，那種事物應該戀愛的；那種事物，應該憎惡的；都須切實指導，使一般兒童能躬行實踐。這樣做去，不但在道德上可有進步，便單從智育一方面着想，也可得極好的成效。故教授不論那一門科目，教師的責任，便是引起生徒的戀愛，使他們覺得津津有味，自願去用心研究，直等到一個戀愛的感情統系，附着那門功課，變成他們的自己的一部份。從來專門的人材，都是這樣養成的。

自願的感情統系，便是一個人對於他自己的感情，固定不變。已成統系的，這個統系的根原在於一個人自己明白他人對於他自己發生何種觀念，猶一個演戲的人，能設身處地，用看客的眼光，去看自己在戲臺上的動作。這種自願的能力發達起來，總須經過三個時期：(一)嬰兒最初覺得自己身體上的痛苦或快樂，受了這種感覺的影響，自己的身體與外界的各種物件，漸漸區別清楚起來。(二)從他的身體漸漸推廣到他的父母，他的衣服玩具等。(三)後來一到成丁的時候，這個自己的範圍，又擴大許多。如他所住的房屋，創辦的事業，所操的職業等，都變成他自己的一部份。他們的盛衰安危，便是他的憂樂的原因。這樣說來，自願的感情統系，大一半是由個人與社會的互相關係所構造成功的。即在第一個時期內，嬰兒與外界的事物接觸，已具在社會上活動的萌芽，後來長大的時候，與他人往來日多，對於他自己的動作，也愈加注意。故隨時觀察他人對於他的意見態度，再定他以後的行爲動作，這便是自治的發端。

一個受過教育的成人，對於他的自己實際上有什麼才能，理想上可有怎麼發展的機會，應該大旨明白。但這個自知之明，若一點沒有感情上的作用，便總歸空虛無用，不能一定發生什麼好結果。因此除去對於自己的智識外，更須有一個自顧的感情統系，方能用客觀的眼光，監察自己各種本能上的感情欲望，管束自己實際上的行爲。譬如一個人心裏想做一件惡事，忽然反顧起來，看見他自己怎麼樣不好，便想到若他的計劃果然實行了，他便變成了一個惡人。這個他自己是一個惡人的觀念，顯然與他自顧的感情統系不相吻合，那兩方面衝突起來，自顧的感情統系若已經發達，一定能佔優勝的地位，那個人早先的惡念，也自然便能打消了。麥克多格爾 McDougall 曾說，自顧的感情統系，乃是品性中最重要的成分，真是至理名言。因爲一個有固定的品性的人，總是能將他的各種感情組織成一個永久的統系，這個統系便是他的自己的中心點。

第十七章　挪用本能上的精力

附著每個本能有許多精力可以自由使用；如男女的本能與鬭爭的本能等，比別的本能更加强健，尤可注意。但大概說起來，在文化未開的時代，人類的生活狀況，過於艱難，所有的精力，無論在身體或精神一方面，幾乎用盡，沒有什麽餘剩下來，可以移作別用；後來文化一開，生活的狀況比較早先容易，方才有些餘剩的精力。追想上古時代的人，已能利用這種餘剩，去樹各種美術的基礎；如雕刻，音樂，跳舞，與人身的裝飾，宗教的儀式等，都是這樣發源的。現在文明的人，餘剩的精力比上古時代的人，多得不知幾許，故總有一些，可以隨心所欲，自由使用的。如現代的各種嗜好，社會上的各種事業，都有人去提倡，便是爲這個緣故。

廣義的教育，須決定這種本能上的精力，應該附著那一種動作。大凡身心健全的兒童，總有許多餘剩，倘有人指導，除非與他的本性，過分反背，幾乎不論何種動作，都可以挪移應用。據弗老合特 Freud 一派學者的意見，一個小孩子所有的精力，幾乎全從男女的本能發源。這種理論，實在似乎偏見，因爲各種原始的本能，都積貯些；精力男女的本能，縱使比別的强健些，總沒有這樣獨佔重要的位置。現在我們須注意的，便是每一種本能上的精力，無論如何，必須有個正當的出路；否則澎漲起來，深恐走到不正當的路上。

凡趕快發育的兒童，都經過些極複雜的情形。從個人一方面看去，各種本能，漸漸發達起來，附著那些本能的精力，一天增加一天，都要尋個出路。從社會一方面看去，所謂文明的環境，實行許多限制，使各種本能上的精力，不得自由表示，因此兩方面互相衝突起來，極不容易解決。若將這種精力，都去設法移作他用，必定發生極大的危險，縱使表面上沒有什麼壞處，無論如何，心靈總不能完全發達。這是因爲原始的本能，雖是可以略加抑制，斷乎不能完全剷除。若祇挪用他的精力的一部份，固是極爲利便，但若挪用得過多，勢必至於妨害心靈的康健，發生重大的惡果。這樣說來，教育的功用，在於能均平分配各種本能上的精力的用處，使各得正當的出路。

本書第十五章內曾述及英國倫氏 Lane 所創辦的『小共和國』，收容犯過罪的兒童，在極短的時期內，竟能化頑爲良，使年輕的罪犯，變成勤勉的小公民，成效卓著，令人欣羨。但倫氏也沒有什麼特別的祕訣，他所實行的，恰巧便是上節所述的原理；如他曾說，『若本能上的精力，在幼年時代，單受外界的遏制，沒有相當的出路，做個低償，當時雖或不見什麼壞處，一到成丁的時候，便逼得走到罪惡一條路上去。』總之，各種本能的刺戟，無論如何，必須在實際上有個正當的表示，否則不論早晚，總有一日，激成背叛的行爲。這種不幸的兒童，在學校裏邊，頑劣不受教訓，出了學校之後，變成社會的公敵，其實並非出於他們的本心，祇要本能上的精力，從小得相當的支配與合正道的出路，便必不發生這種惡果。本能上的精力有一部分必須移作他用，已經說明。這個原理在教育上實行起來，第一件要事便是扶助生徒養成些永久的志趣，如美術文學以及各種高等的學問藝術，不論那一門，倘實在有些心得，都能使本能上的精力得一正當的出路，確是必不可少的。

第十八章　習慣

據極姆司的意見，習慣的根原，在於物質的有黏性，黏性的意義，爲一件東西，又是柔軟容易受外界的影響；又是强固不肯完全失去自己的本來面目，每經過一番變化，必定發生些暫時固定不變的新現象。那些新現象，便是一套新的習慣，人類的神經系，比別的物質，更加富於黏性，原來關於不論何種動作，我們都極容易養成習慣，便是爲這個緣故。

我們的神經系有個依習慣作事的傾向，因爲習慣的特點，在於能使已經學成的動作，愈加嫻熟敏捷，可將腦力體力節省下來，充作別種用途。如一個初學風琴的人，往往兩臂兩手都極忙碌，或者竟致全身搖動，手忙脚亂，但後來一經學會了，奏琴的時候，祇須單用手指，既可以端坐不動，又可以同時兼顧別的事件。總之，習慣的作用，在於減少有意識的注意，例如一件事體，須按照甲乙丙丁等一定的次序做去，若已變成習慣，祇須觸動了甲，其餘的乙丙丁，便自然而然毫不費心，次第實現出來。

凡每日常做的事體，按照一定的次序，都歸低中心管理，難得牽涉及高中心。故習慣的行爲，含有機械的性質，事前既不必思慮，進行的時候，也沒有什麼一定的知覺，祇須肌肉的感覺，做個運動的引導，便可一步一步，照常進行。但原定的次序，若忽受意外的擾亂，必須臨時更變，便立刻惹起高中心的注意。因為必須這樣，方能參酌情形，另想適當的辦法。細說起來，凡完全自擇的行為，從頭至尾，全由意志知覺觀念等互相合作，才能決定。但習慣的行為，除去事前須經意志發出號令外，全係感覺的作用。這種感覺，雖亦佔意識界中的一部份，但除非發生了意外的變故，平時總是沒有人注意的。

大概說起來，若要養成智力上的習慣，從二十歲到三十歲一個時期，最是重要。但一切行動舉止態度儀容，都是二十歲以下所養成的習慣，故那個時期，在教育上尤須特別注意。極姆司曾說，『我們須與神經系協約進行，切不可與他為敵。』若要達到這個目的，凡良好的習慣，不但須及早養成，且是愈多愈妙，惡劣的習慣，更須看得如毒蛇猛獸，一般遠而避之。凡直接從意志中發生的行為，漸漸變成自然，都是習慣的作用。故習慣便是品性的根原。不論何種動作，當時看得好像無關緊要，豈料日後的行爲，在不知不覺間，都受他的影響，直等到積重難返，雖要改變，已是極不容易。原來品性，本是行爲的統系，一切行動舉止，若永不能變成習慣，這種統系便永沒有組織成功的希望。故習慣與品性，有極密切的關係。品性的高下，全靠習慣的善惡，這個要點，我們不可不注意的。

無論革除舊習慣或增添良好的習慣，須具堅定的決心，百折不回的毅力，集合種種的情形，援助合於正道的本心。凡於新習慣不合的行爲，都須痛戒，除非萬不得已，切不可容許例外的事情。否則偶一失足，便枉費了許多心力，實在可惜。故最重要的，便是有恆心與堅忍心，切不可半途而廢。

若求道德上有進步，第一步在於能利用不論何種機會，將堅定的目的，實行起來。因爲一個人倘單讀格言，從不去躬行實踐他的品性，至多祇能與從前一樣，斷不會變好，況且每一回覺得有個實行的傾向，倘不去理會他，任他自然消滅，便將知行合一的能力，愈弄愈弱，漸漸在不知不覺間，養成一種空言妄想的習慣，到了那個地步，縱使有極高尙的理想極好的志氣，也在事實上，還有什麼用處呢？亞利史多德曾說，祇有智識，可以教授的品性不是天生成的，也不能直接教授，却全是習慣的結果。故從德育一方面着想養成良好的習慣，確是一個根本上的問題，原來陸克的教育思想，最注重習慣的養成，正是爲這個道理。

第十九章　德育的方法

道德與宗教，究竟是否互相牽連，或沒有什麼大關係，一般教育家，爭論不決，本是極難斷定。但無論如何，從來沒有人反對道德的訓練；因爲大家都承認國家的强盛，全靠一般國民有高尙的理想，肯去謀公共的幸福。這樣看來，我們亟須研究德育應用何種方法。

關於德育的方法一個問題，向來有甲乙兩派教育家。甲派主張道德的原理，須直接教授，在課程表上與別項科目同佔一部份；因爲如飲酒賭博的害處，若不從小警戒，切記不可輕犯，長大之後，一定容易失足。乙派主張道德祇可間接教授，因爲品性的養成，大一半靠環境中感化之力，如從學校與家庭的生活中所間接發生的影響，都有陶鑄人格的作用。況且德行一物，重在實際上的練習，若單講理論，祇求智力上的覺悟，總沒有什麽實在的用處。故道德上的進步，在於有良好的習慣，充作生命自己的成分。養成這種習慣的主要原因有二：一，教師與父母的人格；但這種間接的影響，也不一定是好的。縱使教師父母，都抱高尙的理想，或若不過能使生徒養成服從的習慣，反將自立自主的能力，完全遏制，不得發達。這種弊端，也須預防的。二，有些科目，如歷史文學等，倘教師善於指導，確有許多材料，可以借來發揮道德上的眞理。

這兩派教育家的主張，細細想下來，直接教授的方法，總覺得不很妥當。因爲這個方法，容易發生許多弊端，比他所能防止的害處還大。第一個弊端，便是使兒童單具道德的智識，在行爲上一點沒有影響，原來純粹的意念，絲毫不牽動感情，總不能在動作上實現出來。故直接教授道德的結果，並不是改良生徒的品行，或變化他們的氣質，至多不過訓練他們成辯論道德的專家罷了。無怪乎英國人莊士敦Harold Johnston曾調查在法國有個學校內，道德一科領受獎賞的學生，却是全班中最大的光棍！直接教授的方法，還有一個大弊端，這便是容易惹起心理的反響。例如一個小孩子本來並不知道賭博是什麼事情，自然更不明白賭博可有什麼害處；但一經教師演講勸誡之後，反覺得躍躍欲試，想去親身經歷，這可謂與教授道德的初心南轅北轍了。

因爲上文所說的幾個理由，道德上的訓練，須用間接的方法；至於直接的方法，祇可候得相當的機會，偶然採用。德育的要訣，便是使一般兒童的行爲，不受怕懼責罰或希望獎賞的影響，凡想到不論何種動作，祇須預料父母師長對他的態度或將稱讚，或將加責備便已能決定可否實行。總之，行爲的管束，須從精神一方面入手，切不可注重身體的苦樂。凡做父母教師的，須先被兒童真心敬愛，方能發生感化之力。若單靠利用恐怖之心，去强迫某種行爲或遏制某種行爲，縱使表面上看去，好像極合正道，實則不過是個形式，缺乏道德的精神，故總不足爲訓的。

在學校裏邊，道德上最大的助力便是合羣的觀念（參觀本書第七章）因爲這個觀念，能發生一種團體的精神。在消極一方面，可使人人兢兢業業，惟恐他個人有什麼不規則行爲，玷汚全體的名譽，他個人的威信墮落，看得還是小事；但若因此牽涉及學校的全體，便覺得十分羞恥，不敢輕於嘗試。在積極一方面，可使一般學生，各自勉勵，力求道德上有進步，去增學校全體的光榮。故養成合羣的觀念，確是德育上最高的方法；無論直接或間接教授道德，都比不上他咧。

第二十章　責罰

據英儒斯賓塞爾 Spencer 的意見，責罰的作用，在於能阻止於身體不利的行爲。一個人所受的責罰，純是從他自己的行爲，天然發生的結果；這種結果直接跟著背違正道的動作，毫無躊躇，穩定不變，真是無可逃避的。這是因爲天然的物理，嚴厲峻刻，從不容許例外的事情，從不空言恫嚇，祇是不聲不響，發出實行的命令；故天然的結果，便是最有效驗的責罰。例如一個小孩子，喜歡弄火，一定要受火傷；但吃了一回苦以後，便牢記在心，再也不敢玩弄火焰了。但若他的父母師長，不明白這個道理，祇知警告火的危險，不放他自己去領受切實的經驗，及到他長大成人後，仍須自己去忍受了一番痛苦，才能領悟當初父母師長的勸誡。這樣看來，早先的心思，豈不是枉費的麼？利用天然的結果去責罰不正當的行爲，還有一個特點，這便是定案的時候，完全依合公道，施行起來也一點沒有躭擱，可使一般兒童明白他們自己的過失，立刻悔悟。若做父母師長的，不肯靜候天然的結果，自己去動手懲罰，便難免有兩種害處；一，徒然多一番氣惱，妨害他們自己的快樂；二，容易惹起兒童的惡感。若要預防這種惡感的發生，唯一的妙法，祇有利用天然的結果。這個懲罰的方法，由斯氏看去，有四大特點：（一）是非善惡的智識，全從親身經歷的事實中得來，比間接教授的，切實得多。（二）有過失的人，所受的痛苦，不過是他自己的動作的結果，與別人無涉；這種人受了相當的責罰，一定認爲極合公道的。（三）一個小孩子，單受責罰，但尋不出責罰他的人，便自然沒有什麽氣惱。（四）兒童對於父母師長，可以永遠保全相愛的感情。

斯氏的理論，好像極是動聽；但細說起來，他的方法有四個大缺點：（一）縱使不論那一種過失，總發生些天然的結果，普通一般兒童，須及早明白那些動作是違背正道不可輕犯的。若一一須等他們親身經歷之後，方才自己悔悟起來，必定很是迂緩，在事實上辦不到。(二)天然的結果也並不是一定無可逃避的，祇要在事前有相當的佈置，儘可設法減輕或全完躲避。(三)天然的動作，有時候很是意外不測的，故一個人往往並沒有什麼過失，無辜受他的影響。(四)天然的物理，縱使能實行懲罰，也往往有不公平的地方，有時候一個人因爲極小的過失，受了極嚴厲的責罰。例如甲乙兩個小孩子，一同爬到樹頂去偷取菓子，甲孩偶一失足，跌斷了腿骨，一生受累無窮，乙孩得安然爬下樹來，一點沒有甚麼痛苦。那兩個孩子的行爲完全相同，不過有幸有不幸罷了，怎麼好算公平呢？

縱使斯賓塞爾的理論，完全不錯，假定德育的方法，祇須利用天然的反動。無論如何，總沒有法子，使一個小孩子明白那一種責罰，確是那一種行爲的結果。原來斯氏根本上的謬誤，爲單顧表面上的行爲，不曾計及內部的意志本心，若採用了他的德育方法，至多不過養成一種趨吉避凶的習慣。例如一個小孩子，不肯爬到樹上去偷竊果子，祇是爲恐怕跌下來，並不是爲他本心上有什麼覺悟。這種行爲，不過是尋常的智慧，在道德上一點沒有價值。故由我們看去，做教師或父母的，正須設法使一般兒童的本心有根本上的覺悟，若見有不規則行爲，情節較重的，切實勸導；情節較重的，須酌量責罰。無論如何，不能一切靜候天然的解決。

若遇到萬不得已，祇好責罰的時候，教師的本心，須含積極的性質，切不可單從消極一方面着想。因爲責罰的目的，固然在於禁止不合正道的行爲，與警戒將來效尤的人，大一半卻是在於能使違犯規則的人，誠心悔過，自願以後力求道德上的進步。況且單用遏制的手段，本來毫無用處，根本上的辦法，祇有設法將兒童本能上的精力，移作正當的用途，得一相當的出路（參觀本書第十七章）。在學校裏邊，有些行爲，如屢次遲到，不守校規等，爲全體的秩序起見，自然必須予以相當的懲罰。但在實行責罰之前，做教師的，必須將他理由解釋清楚，質之全體的公論，否則不但在精神上沒有什麽效果，況且容易使受責罰的生徒，怨恨教師。其他的一般兒童，單見他受責罰，不明白究竟爲什麽緣故，看得他好像一個殉道的好漢，反使他心中不服，愈加强硬。又倘遇到不規則行爲，做教師的，切不可不由分說，立加責罰，總須小心查考那種行爲的根原，或是純出無聊，或是安睡不足，或是缺少新鮮的空氣，或是運動不足，都未可知。若對於處在這種境地的兒童，偶有過失，便妄加責罰，可謂非徒無益，而又害之。總之，責罰的根本上的目的，在於能使人悔悟改過，得有自新的機會，凡已往有什麽不滿意的行爲，不必過分計較，將來的道德上的進步，却是很重要的。

第二十一章　各種教材的價值之比較

各種教材的價值之比較，在學校的組織上很是一個重要的問題。近世討論這個問題最早的，當推斯賓塞爾。據他的意見，教育的目的，在於準備『完全的生活』這種準備所應用的，有五種智識：一，直接保衛生命的智識，如生理學衛生學，理化物理等；二，間接保衛生命的智識，凡各種學問藝術與衣食住三項有關係的，都屬這一類；三，養育子女的智識；四，公民應具的常識，可使一個人在社會上政治上有相當的貢獻；五，閑暇無事時應用的智識，如文學美術等。這樣看來，第一至第三種，佔最重要的位置的，都在自然科學範圍之內；第四種看得是次要的，屬於社會科學；最末後方才及到文學美術等純粹文化的科目。原來歐洲自文藝復興以來，專門注重古代的文學文字，其他的各種學問藝術，都視作等閒。斯賓塞爾的主張，本是那種教育的反響，也不足怪，況且從一方面看去，斯氏好算重新分配文化的成分；因爲據他的意見，文學科學兩項學問，在課程表上，須各佔一部分，確是擴張文化的範圍；但他所錯誤的地方，便是看得文學美術，不過是閑暇無事時應用的，在課程表上，也應佔一餘暇的地位。不知道這種分類的結果，徒然使自然科學與純屬人類的學問，互分畛域，使一般學校裏的課程表，變成一種補綴的名單。將各種互相沒有關係的科目，胡亂塞滿敷衍了事。

各種教材的比較一個問題，從根本上看去，原可作爲實用的藝術與美術的比較。這樣說來，不論何種藝術，都是人類的動作，凡一種藝術的價值，若全看他能產生什麼可以觸覺的東西，合什麼實用，便是應用的藝術。但若全看他能使尋常的一般經驗，直接引起什麼興味，便是美術。美術有兩種作用：一，能使人直接享受優美的感情；二，間接能對於以後所發生的經驗，確定一個標準。不論何種生活的情形，與那個標準比較起來，若有落後的地方，便能使人覺得不滿意，可去設法改良。故美術簡直是人類精神上的眼睛，若沒有美術，生命的觀念，必致守舊不變，社會也沒有進步的希望。這樣說來，文學音樂等科目，斯氏看得最不要緊的，由我們看去，却是教育的根本。文學美術等，雖是這樣重要；但在課程表上，也不宜偏重。這是因爲單從生命一方面看去，人類的經驗，原是一個全體，不可勉强去劃清界限，破壞統一的局面。

自然科學與文學美術的衝突，又可作爲關於人類的學問與關於天然界的學問兩方面的衝突。這樣看來，愈加沒有突衝的必要，試想我們日日居住在天然界中，我們所抱的目的意志，須靠天然界的狀況，方能實現出來。故人類與天然界的關係，正猶一是目的，一是達到那個目的的方法。故社會進化的原因，在於採用科學的方法與利用科學的新發明。如處置社會上各項問題，須觀察狀況，假定理由，然後實驗起來，從頭至尾，全用研究科學的方法。又如城市的建築，公共衞生的設施，交通的便利等，凡可以增進社會的幸福的，有許多地方，必須利用化學物理等科學的新發明。倍根曾說『智識卽是權勢，』所指的智識便是科學的智識。

分配學校裏的課程起來，須知人類與天然界互相牽連，不能分開。故自然科學與文學美術等也不能各分畛域，劃清界限。否則必致將生命的經驗，本來合一的，強爲區分，顯然與事實不合。况且在學校外邊，一般兒童時時親身經歷天然界中各種現象與人類的動作，有極密切的關係，若將這種關係，完全斷絕了，不但妨害智育上的發達，且所授的課程，缺少實際上的意義，也自然乾枯無味。若教授生徒起來，單講事實，並不說明所教授的課程，與人類有什麼關係，祇好算事實的收集，不好算真正的智識。不論何種學問，凡能增高生命的價值的，能增進社會的幸福的，都是關於人類的學問。這樣說來，講到教材一個問題，人類與天然界，雖是並重，人類到底是個根本。

第二十二章　職業教育

職業教育的重要，可分三層講明：（一）個性的發展，全靠有個自由選擇的職業，能使天賦的能力，次第實現起來。故教育不但是爲學習職業，且亦必須從學習職業入手，原來不論何種職業，都能使本能上的傾向，得一相當的出路，都有一個確定的目的，可以引起思想的活動，須按照一定的次序逐漸進行。平時須小心觀察情形，遇到困難的時候，又須臨時設法，排除障礙。這種訓練，在教育上有極大的價值，自不必說。但職業教育最重要的目的，並不是外界的出產品，却是能使動作在經驗上實現出來。(二)一個人所操的職業，便是他的永久的志趣；這種志趣，原是爲生命的快樂所必不可少的。因爲人類的心靈的組織本有一致進行的傾向，職業便是這種組織的原則。他的作用，在於能使許多瑣瑣屑屑的智識意念，有個集合的中心點，宛如一條軸線一般，能使無數各不相同的詳細情節，互相連貫，變成一串。(三)從個人與社會的關係看去，職業更是十分重要；因爲操了一個職業，在個人可靠他謀生，不致有凍餓的危險。社會本是許多個人所造成的，個人的經濟能力的發展，也便是社會的昌盛。況且社會上每有一種需要，必須有供應那種需要的人，向來普通所承認的上等職業，如醫法律等各自切合一定的實用，固不消説，卽最平常的職業，如皮匠或造路的小工也各有他特別的用處。倘一個社會，缺少了這種人路壞了沒有人修補鞋子沒有人會做在社會共同的生活上便發生了這種缺點。職業既然是這樣重要，人類又不是生而知之，自然必須經過一番特別訓練。

這樣看去，職業固是必不可少的。但關於這個問題，向來社會上有一種迷信，我們現在應該極力破除，沒有資產沒有職業的人，向來通常稱爲『無業游民』。這種人被社會看輕，其實除去這種人外，還有些人承了祖宗的餘蔭，保守他們原有的產業，靠些自然之利過活，照社會上的心理，便不算是無業游民。其實這種人，也是無業游民，在社會上也是分利而不是生利的人。故若要謀社會全體的幸福，這種有資產沒有職業的人，也應該學習一個職業，可老老實實自己去謀生。

有些教育家以爲職業教育，因爲專門訓練一種職業的技能，故與高等文化的教育是扞格不相入的。原來這種論點，完全誤會了職業教育眞正的性質，我們須知文化一個名詞，就廣義說去，包括人類所有的動作，每一種職業，凡在社會上有些價値的，便有他的特別價値，也好算文化的一部份。況且職業教育，祇要尊重職業的精神，不去過分注重外界的出產品，能發揚一個人的智慧，使他的心靈常常活潑，也便是高等文化的精神，斷沒有互相反對之理。

有些教育家曾說教育即是生命。既是這樣，我們應將生活的實在情形指示與學生。但生活的實在情形，極是複雜，千頭萬緒，無從下手。故使一個人學習一種職業，便是最切實用的辦法。近代的教育家多有主張學校與社會接近合作，使兒童在學校內所學的東西，不致過分抽象，變成乾枯無味。職業教育，便是實行這種主張的唯一方法。

但這種教育切不可過分狹窄，或過分含有固執不變的性質。這是因爲職業的意義，原是爲謀生計所做的事體，生計便是生活的計劃。在確定這種計劃之前，必須處處參照生活的情形，才能切合實用。這樣說來，試想一共和國內的生活情形，一個小孩子長大成人之後，總得享選舉的權利，或竟做國民的領袖。若有子女，須負養育的責任，可使社會的生命繼續不斷。除去這幾項之外，更須日日工作，經營在社會上有些價値的事業，一方面可使他自立，保全他自敬自愛的心；一方面可以促進人類的文化。若要準備一個小孩子，將來對於這許多職務完全勝任，他所受的教育，必須包括自然科學文字文學美術等各項科目，必須養成刻苦耐勞的習慣，必須鼓勵與社會合作的精神。總之、這種教育是廣義的，不是狹義的。

生活的情形，時時變遷，卽就近幾十年說，去工商業的進步，交通的發達，眞有一日千里之勢，將來怎麼樣，更難預料。故設施教育起來，若假定將來的生活情形，總與現在一樣，預算一個人年輕的時候，學習了一種職業，長大成人之後，可在社會上佔一固定不變的位置，豈不是與事實大相反背麼？教育真正的目的，在於發展個性，使個人不但能斟酌情形，隨時隨地與環境作合；且能改造環境，指揮他自己的運命，力求社會的進化。這樣說來，學習職業之外，更加重要的，便是謀智力與作合的能力的發達，否則祇能製造成許多和機械一般的工人。平時工作的方法，已是固執不變，倘遇到意外的困難，更加束手無策，必致誤事。況且單爲準備將來的職業的教育，正恐將眼前發達的機會，過分犧牲了，也實在可惜。故我們總結一句，職業教育的初步，祇好間接爲職業，直接爲發展一般生徒的個性，使他們自然的志趣傾向，都受相當的注意。

Modern Normal School Series
Principles of Education
Commercial Press, Limited

中華民國十二年九月初版
十三年八月再版

*(現代師範教科書)教育學原理一冊
(每冊定價大洋肆角)
(外埠酌加運費匯費)

編纂者 孫貴定
發行者 商務印書館
印刷所 上海北河南路北首寶山路 商務印書館
總發行所 上海棋盤街中市 商務印書館
分售處 北京 天津 保定 奉天 吉林 龍江 濟南 太原 開封 鄭州 西安 南京 杭州 蘭谿 安慶 蕪湖 南昌 漢口 長沙 常德 衡州 成都 重慶 瀘縣 福州 廣州 潮州 香港 梧州 雲南 貴陽 張家口 新嘉坡 商務印書分館

六二五,三〇何